Martin W. Pflugmann/Helga Föger

Die 100 besten Tipps
Gärtnern im Einklang
mit dem Mond

Der Ratgeber für naturnahen Gartenbau

Gemüse • Zierpflanzen • Obstbau • Balkon- und Zimmerpflanzen

LUDWIG

Inhalt

Der Mond beeinflusst das Wachstum der Pflanzen.

Auf seiner Bahn geht der Mond durch die Zeichen des Tierkreises.

Die Mond-
regeln gel-
ten auch für
den Um-
gang mit
Zimmer-
pflanzen.

Vorwort

☾ Tipp 1
Wer beim Säen, Pflegen und Ernten der Garten- oder Zimmerpflanzen auf den richtigen Zeitpunkt achtet, wird mehr Freude und Erfolg bei seinem grünen Hobby haben.

Der Umgang mit der lebenden Natur ist in unserer von Technik und Ökonomie geprägten Zeit für viele Menschen ein wichtiger Ausgleich, um dem Stress des Alltags zu begegnen. Sie finden Entspannung und Freude bei der Arbeit im Garten, bei der Pflege von Balkon- und Zimmerpflanzen.

Wer sich aber intensiver mit dem »grünen Hobby« beschäftigt, wird bald feststellen, dass es sich lohnt, mehr über die Pflanzen und ihre Lebensumstände zu wissen.

Denn der Erfolg aller gärtnerischer Arbeit hängt letztlich ganz entscheidend davon ab, dass sowohl Aussaat und Pflege als auch die Ernte unter den günstigsten Bedingungen und vor allem zum richtigen Zeitpunkt erfolgen.

Der Faktor Mond

Viele Faktoren bestimmen erfahrungsgemäß das optimale Wachstum und den Ertrag.

Da sind zunächst einmal die speziellen Anforderungen, die jede Pflanzengattung ganz individuell an den Boden, die Nährstoffe sowie an die Licht- und Temperaturverhältnisse stellt. Dann müssen die klimatischen Bedingungen, welche das Wachstum fördern oder begrenzen, berücksichtigt werden. Und schließlich ist die Wahl der Pflanzengemeinschaften, deren Zusammenwirken sich ebenso positiv wie negativ auf den Erfolg auswirken kann, von nicht zu unterschätzender Bedeutung.

Was nun aber den richtigen Zeitpunkt angeht, so machen sich erfahrene Gartenfreunde immer mehr und immer öfter eine Erfahrung zunutze, die zwar Jahrhunderte lang praktiziert worden war, dann allerdings scheinbar in Vergessenheit geriet – nämlich das Gärtnern mit dem Mond.

Unsere Vorfahren wussten bereits sehr genau, dass die unterschiedlichen Impulse des wechselnden Mondes das Pflanzenwachstum nachhaltig beeinflussen und dass die meisten gärtnerischen Arbeiten bedeutend erfolgreicher sind sowie letztendlich die Ernteerträge viel ergiebiger ausfallen können, wenn man im Einklang mit eben diesen Impulsen gärtnert.

Tipp 2 🌙
Die folgenden praktischen Ratschläge stellen keine Patentrezepte dar. Verbinden Sie die hier gegebenen Hinweise mit Ihren Erfahrungen, und wagen Sie hin und wieder auch einmal ein Experiment.

Mehr Freude am Gärtnern

Es ist das Anliegen unseres Ratgebers, das uralte Wissen um die Kräfte des Mondes für einen breiten Kreis interessierter Gartenfreunde zu erschließen und für die praktische Anwendung aufzubereiten.

Dabei kommt es nicht so sehr darauf an, unseren Lesern fertige Rezepte für jeden Gartentag zu vermitteln, sondern es geht viel mehr darum, Anregungen und konkrete Praxistipps zu geben, die der Leser mit seinen eigenen Erfahrungen und Vorstellungen verbinden kann, um schließlich noch mehr Freude und Erfolg beim Umgang mit den Pflanzen zu finden.

Die sanften Kräfte des Mondes üben einen erkennbaren Einfluss auf das Wachstum der Pflanzen aus. Wer um diese Kräfte weiß, kann sie auch nutzbar machen.

5

Mond und Natur

Der Mond und seine Wirkung auf das irdische Leben beschäftigen die Menschen seit Jahrtausenden.

Lange bevor sich die Wissenschaft der Astronomie herausbildete, war der Mond Gegenstand praktischer Beschäftigung. So gleichmäßig, wie er seine Bahn am nächtlichen Himmel zieht, so regelmäßig, wie er dabei scheinbar seine Gestalt ändert, so ideal schien er dafür geeignet, den Ablauf der Zeit zu bestimmen, als Kalender zu dienen. Und bis heute hat sich diese Praxis in manchen Kulturen erhalten.

Vom Mythos zur Praxis

Bald entdeckte man weitere Zusammenhänge zwischen dem lunaren Zyklus und dem Geschehen auf der Erde. Als die Menschen begannen, Felder zu bestellen und Tiere zu züchten, stellten sie fest, dass vieles in der Natur – das Wetter, das Pflanzenwachstum, die Fruchtbarkeit der Menschen und der Tiere, ja auch Gesundheit, Krankheit, Geburt und Tod – in rätselhafter Weise mit dem Kommen und Gehen des Mondes verbunden ist. Manches war einleuchtend und wurde mit zunehmender Erfahrung zur Regel, die praktischen Nutzen bot; anderes blieb unerklärlich und wurde zum Mythos.

Erhebliche Bereicherung erfuhr das Wissen um den Mond durch die Astrologie, die als Vorläuferin und Wegbegleiterin der Astronomie gelten kann. Nun erkannte man, warum manche Wirkungen des Mondes scheinbar nicht im Einklang mit anderen standen, sich zum Teil sogar widersprachen. Man fand heraus, dass der Mond bei jedem 28-tägigen Erdumlauf alle zwölf Sternbilder des Tierkreises durchwandert, wie das die Sonne im Verlauf eines Jahres tut. Jedes dieser Tierkreiszeichen, in dem der Mond auf seiner Umlaufbahn für zwei bis drei Tage verweilt, moduliert die Impulse des Mondes in recht genau definierter Weise, verleiht ihnen gwissermaßen einen bestimmten Charakter. Es sind diese Impulse, die in Wechselwirkung mit der Natur treten und sie beeinflussen.

🌙 **Tipp 3**
Wer sich ganz genau über die Mondkonstellationen sowie die Stellung des Erdbegleiters in den Tierkreiszeichen informieren will, sollte einen aktuellen Mondkalender zur Hand nehmen, z. B. »Mit dem Mond leben«, der jedes Jahr im Ludwig Verlag erscheint.

Die Wirkung der Mondimpulse

Welcher Art diese Impulse sind, wissen wir (noch) nicht. Offensichtlich sind sie zu schwach oder zu fremdartig, um die Zeiger unserer heutigen Messgeräte zum Ausschlagen zu bewegen. Das kann sich aber ändern, wie die Entwicklung der Wissenschaft gezeigt hat, die in immer feinere und komplexere Strukturen einzudringen vermag.

Es muss also (nur) vorläufig noch eine offene Frage bleiben, ob es stoffliche oder energetische Impulse sind, die vom Mond ausgehen und über die terrestrischen Elemente Erde, Wasser, Luft sowie Feuer auf alles Lebende wirken, oder ob die Stellung des Mondes nur als der Zeiger einer Uhr angesehen werden kann, die durch einen verborgenen inneren Rhythmus der Natur in Gang gehalten wird.

Einige Wirkungen, wie die auf die Gezeiten und den weiblichen Zyklus, scheinen recht materieller Natur zu sein und lassen sich relativ einfach biologisch bzw. physikalisch erklären. Andere, wie die Einflüsse auf das Pflanzenwachstum oder den menschlichen Organismus, sind mit dem Instrumentarium der Naturwissenschaften nicht zu fassen. Bisher gibt es für solche Beobachtungen nur astrologische Erklärungen, die jedoch für viele nicht zufrieden stellend sind.

Tipp 4 ☽

So, wie der Mond die Gezeiten der Weltmeere erzeugt, wirken seine Kräfte auch auf die Flüssigkeiten, die im Boden und in den Pflanzen für Wachstum und Fruchtbarkeit sorgen.

Im kritischen Dialog

Ob wirkende Kraft, empfindlicher Anzeiger oder beides – Mondphasen und Stellung des Mondes in den Zeichen des Tierkreises sind von großer Bedeutung für alles Leben auf dieser Erde. Auch wenn diese Feststellung nach den Maßstäben der Naturwissenschaften nicht als gesichertes Wissen gilt, so beruht sie doch auf der Erfahrung, die in der jahrtausendealten Menschheitsgeschichte gewachsen ist.

Wir wollen diese Erfahrungen weitergeben und stellen sie ausdrücklich zur kritischen Diskussion. Sie sind aufgefordert, aus dem Gelesenen und Erprobten Ihre eigenen Schlüsse zu ziehen. Betrachten Sie die folgenden Regeln und Ratschläge nicht als Dogmen für Ihr Denken und Handeln. Nehmen Sie sie als Anregung, für ein selbst bestimmtes Leben im Einklang mit der Natur.

Im Takt des wechselnden Mondes

Auf seiner Bahn um die Erde ist der Mond in verschiedenen Phasen zu sehen. In jeder von ihnen ist seine Wirkung auf Boden und Pflanzenwelt unterschiedlich.

🌙 **Tipp 5**
Auf seiner Bahn um die Erde durchläuft der Mond alle zwölf Zeichen des Tierkreises, wobei er sich in jedem für zwei bis drei Tage aufhält. Jedes dieser Zeichen beeinflusst die Mondwirkungen auf ganz besondere Weise.

Der Mond, nach der Sonne der zweithellste Himmelskörper am irdischen Firmament, entstand nach heutigem Wissen vor etwa fünf Milliarden Jahren entweder als selbstständige Verdichtung aus einer Gaswolke oder durch Abspaltung von der noch jungen Erde. Seitdem umkreist er die Erde als ständiger Begleiter mit einer Umlaufzeit, die nach jüngsten Messungen bei exakt 27 Tagen, 7 Stunden, 43 Minuten und 11,5 Sekunden liegt. Die Bahn des Erdtrabanten, dessen Masse nur 1/81 der Erdmasse ausmacht, ist nahezu kreisförmig und liegt im Mittel etwa 384 000 Kilometer von der Erde entfernt. Während jedes Erdumlaufs dreht sich der Mond einmal um seine eigene Achse, so dass von der Erde aus nur immer eine Seite von ihm zu sehen ist.

Der Mond selbst ist dunkel. Seine »Leuchtkraft« erhält er von der Sonne, deren Licht von seiner Oberfläche reflektiert wird. Dass man den Mond einmal als kreisrunde Scheibe und dann wieder als schmale Sichel am Himmel sieht, hängt von der wechselnden Stellung der Erde zur Sonne ab – man spricht von den verschiedenen Mondphasen.

Bei seiner Wanderung um die Erde durchläuft der Mond nacheinander alle zwölf Zeichen des Tierkreises, der unsere Erde umspannt. In jedem von ihnen hält er sich während eines Umlaufs für zwei bis drei Tage auf, bevor er ins nächste hinübergeht. Jedes Tierkreiszeichen verleiht dem Mond eine andere Qualität, die mehr oder weniger stark – je nach der Phase, in der er sich gerade befindet – ausgeprägt ist und im Einfluss des Mondes auf die Natur zur Wirkung kommt.

Die Grundimpulse

Es sind sieben Grundimpulse, über die sich die Wirkung des Mondes auf die Natur mitteilt: die vier verschiedenen Mondphasen, der aufsteigende sowie der absteigende Mond und der Stand des Mondes in den Tierkreiszeichen. Daran wollen wir uns im Folgenden orientieren und dabei nach Möglichkeit auch die verschiedenen Kombinationseffekte berücksichtigen. Letzteres ist zuweilen recht kompliziert, wenn man bedenkt, dass z. B. die Wirkung des zunehmenden Mondes in den ersten Tagen noch der des Neumondes ähnlich ist, während zum Ende dieser Phase hin der bevorstehende Vollmond schon seinen Einfluss ankündigt. In dieser Zeit von etwa 13 Tagen durchwandert der Mond aber auch sechs Tierkreiszeichen, die seine Wirkung unterschiedlich beeinflussen. Aber es gibt vielfach bewährte Konstellationen für die wichtigsten Naturvorgänge, die wir für Sie im zweiten Teil des Buches übersichtlich zusammengestellt haben und die eine sichere Orientierung bieten.

Jetzt aber wollen wir uns den sieben Grundimpulsen des wechselnden Mondes zuwenden und ihre wichtigsten Eigenschaften und Wirkungen vorstellen. Beginnen wir mit den vier Mondphasen.

Tipp 6)

Die spezifischen Wirkungen des Neumondes konzentrieren sich auf die Zeit von jeweils etwa zwei Tagen vor und nach dem so genannten Mondbruch – das ist der Zeitpunkt, wenn der Mond genau zwischen Sonne und Erde steht.

Der Neumond

Wenn die der Erde zugewandte Seite des Mondes fast völlig verdunkelt ist, spricht man vom Neumond. Der Erdbegleiter steht dann zwei bis drei Tage ziemlich genau zwischen Erde und Sonne. Man nennt diese Konstellation auch Konjunktion. Der Mond steht während dieser Zeit in demselben Tierkreiszeichen wie die Sonne.

Bei Neumond wirken kräftige Impulse auf Mensch und Natur. Sie werden als Kräfte der Neuorientierung, des Beginnens gewertet. Die konzentrierten Energien sind frisch und ursprünglich, regen dazu an, Vorhaben zu planen, die in der Folge reifen sollen.

Der Neuanfang ist begünstigt

Auch in der Natur kündigt sich Beginnendes an. Die Erde beginnt abzugeben, die Säfte regen sich. Wer jetzt kranke Bäume oder Pflanzen zurückschneidet, kann erleben, wie sie sich zusehends erholen.

Der zunehmende Mond

◗ Tipp 7
Bei zunehmendem Mond ist das Wachstum oberhalb der Erdoberfläche begünstigt; die Aufnahmefähigkeit des Bodens ist dagegen eingeschränkt.

Ist nach Neumond die erste schmale, nach links geöffnete Mondsichel zu erkennen, beginnt die Phase des zunehmenden Mondes. Von den Astronomen wird sie in zwei Abschnitte eingeteilt – in das erste und das zweite Viertel. Während des ersten Viertels nähert sich der Mond der Erde, bis er ihr nach ungefähr sieben Tagen als Halbmond am nächsten ist. Dann kreuzt er die Umlaufbahn der Erde um die Sonne und entfernt sich wieder von uns, um, weiter an »Leuchtkraft« zunehmend, etwa 14 Tage nach Neumond das zweite Viertel zu vollenden und das Vollmondstadium zu erreichen.

In der Phase des zunehmenden Mondes steht alles im Zeichen der Aufnahme, des Einatmens, des Wachsens. Positive Einflüsse überwiegen, die Energien werden aufgenommen und gespeichert.

Die Kräfte nehmen zu

In der Natur dominiert das oberirdische Wachstum, die Säfte steigen nach oben. Jetzt ist die günstigste Zeit für die Aussaat und das Pflanzen von allem, was nach oben wächst und Früchte trägt, z. B. für Obst und Blumen. In der Zeit des zunehmenden Mondes gesäter Rasen wächst besonders schnell und kräftig; nach dem Mähen wächst er schnell nach.

◗ Tipp 8
Die Phase des Vollmondes ist eine kritische Zeit im Garten. Die starken Kraftimpulse können die Wirkungen gärtnerischer Eingriffe in das Pflanzenleben so verstärken, dass die Pflanzen in Stress geraten und Schaden nehmen.

Der Vollmond

Wenn der Mond die Hälfte seines Erdumlaufs zurückgelegt hat, steht er der Sonne direkt gegenüber, in Opposition zu ihr. Seine sichtbare Oberfläche ist voll beleuchtet, er steht für ein bis zwei Tage als kreisrunde, leuchtende Scheibe am nächtlichen Himmel.

Zu keiner anderen Zeit sind die Impulse des Mondes so deutlich zu spüren wie in der Vollmondphase. Jetzt kündigt sich ein Richtungswechsel an, vom zunehmenden zum abnehmenden Mond, von Aufnahme zu Abgabe. Diese zwei Ausrichtungen kennzeichnen die Wirkung des Vollmondes auf den Menschen und die Natur.

Die Kraftentfaltung ist am größten

In der Natur bewirken die kräftigen Impulse des Vollmondes eine ganz besondere Stimmung.

Einerseits erreicht die Natur jetzt den eigentlichen Höhepunkt ihrer Aufnahmefähigkeit, weshalb der Zeitpunkt für eine optimale Pflanzenernährung durch Düngung bei Vollmond geradezu ideal ist.

Andererseits kann es durchaus geschehen, dass Gehölze absterben, wenn bei Vollmond auch nur wenige Zweige abgebrochen oder weggeschnitten werden.

Für das Sammeln von Heilkräutern ist jetzt Hochkonjunktur, ihre Heilkraft ist erfahrungsgemäß besonders hoch.

Vor allem heilende Wurzeln sollte man nach Möglichkeit nur in den Vollmondnächten ausgraben, weil das Tageslicht ihre Wirkung ganz erheblich mindern kann.

Tipp 9 ☽
Wer Heilkräuter ernten oder sammeln will, sollte die Zeit des Vollmondes nutzen; jetzt ist die in den Pflanzen gespeicherte Heilkraft am größten.

Der abnehmende Mond

Der Mond setzt seinen Erdumlauf weiterhin fort und vollendet ihn. Er nähert sich jetzt wieder der Erde, wobei die Größe der von der Sonne beleuchteten Oberfläche von rechts nach links fortschreitend geringer wird.

Wenn er etwa 22 Tage nach Neumond die Sonnenumlaufbahn der Erde erneut kreuzt, ist er nur mehr halb zu sehen. Nun beginnt das letzte Viertel, die nach rechts geöffnete Sichel wird von Tag zu Tag schmaler, bis schließlich wieder die Neumondphase erreicht ist. Alles beginnt nun von neuem.

Die Impulse des abnehmenden Mondes sind auf Abgabe gerichtet, auf das Ausatmen, das Freisetzen von Kräften und Energien.

Dieser balsamische oder aussäende Mond, wie ihn die Astrologen interessanterweise auch nennen, erleichtert körperliche und geistige Höchstleistungen, befreit von vielen Zweifeln und Ängsten, vollendet und bündelt die positiven Gefühle für den nun bald beginnenden neuen Zyklus.

Tipp 10 ☽
Bei abnehmendem Mond ist die Aufnahmefähigkeit des Bodens besonders groß. Diese Zeit eignet sich deshalb vor allem für die Zuführung von Wasser und Nährstoffen, die von den Pflanzen jetzt gut aufgenommen und optimal verwertet werden können.

Die Kräfte nehmen ab

In der Natur fließen die Säfte abwärts, die Energien gehen nun zu den Wurzeln.
Die Erde ist aufnahmebereit, das Wachstum unter der Erdoberfläche ist begünstigt. Jetzt ist es an der Zeit, all das zu pflanzen oder zu säen, was vorwiegend in die Erde hineinwächst, z. B. Wurzelgemüse und -kräuter.

Nährstoffe und Feuchtigkeit werden vom Boden während der Phase des abnehmenden Mondes besonders gut aufgenommen.
Deshalb haben die Düngung und Bewässerung der Pflanzen jetzt auch eine ganz besondere Wirkung und sind noch dazu viel weniger umweltbelastend.

Auf- und absteigender Mond

☾ Tipp 11
Der aufsteigende Mond durchläuft die Tierkreiszeichen Schütze, Steinbock, Wassermann, Fische, Widder und Stier. In den Zwillingen erreicht er seinen Wendepunkt. Für Gartenarbeiten kann er als Alternative zum zunehmenden Mond angesehen werden – man nennt ihn deshalb auch Pflanzmond.

Es gibt noch zwei weitere Mondqualitäten, die vor allem für die Pflanzenwelt von Bedeutung sind.

Diese Mondqualitäten, die allerdings nichts mit den bereits beschriebenen Mondphasen zu tun haben, ergeben sich aus dem siderischen, also dem auf die Sterne bezogenen Umlauf des Mondes, wobei der Erdtrabant die zwölf bekannten astrologischen Tierkreiszeichen durchwandert.

Der aufsteigende Mond

Aufsteigend durchquert der Mond dabei alle Tierkreiszeichen zwischen der Winter- und der Sommersonnenwende:

Er wandert also von Schütze und Steinbock über Wassermann, Fische, Widder bis hin zu Stier bzw. Zwillinge, wo er schließlich seinen Wendepunkt erreicht.

Die Zeit des aufsteigenden Mondes kann als eine Phase des Abgebens durch die Erde bezeichnet werden.

Wachstum und Ausdehnung sind bestimmend. Die Entwicklung in der Natur über der Erdoberfläche ist ähnlich der Entwicklung bei zunehmendem Mond.

Der absteigende Mond

Absteigend durchquert der Mond bei seinem Erdumlauf alle Tierkreiszeichen der Monate Juni bis Dezember:

Er wandert also von Zwillinge und Krebs über Löwe, Jungfrau, Waage bis hin zu Skorpion bzw. Schütze, wo er wieder an seinem Wendepunkt angelangt ist.

Die Zeit des absteigenden Mondes kann als eine Phase des Aufnehmens durch die Erde gesehen werden.

Bestimmend sind Reife und Ernte. Die Entwicklung in der Natur unter der Erdoberfläche ist ähnlich der Entwicklung bei abnehmendem Mond.

Während des absteigenden Mondes befindet sich die Natur über der Erdoberfläche in einer gewissen Ruhe.

Deshalb gilt diese Phase für viele Pflanzarbeiten (vor allem mit den Gewächsen, die unter der Erdoberfläche gedeihen sollen), für die Vermehrung durch Stecklinge, aber auch für das Zurückschneiden von Gehölzen (beispielsweise Hecken- oder Obstbaumschnitt) als besonders geeignet.

Tipp 12 ☽

Der absteigende Mond – auch Erntemond genannt – durchwandert die Tierkreiszeichen Zwillinge, Krebs, Löwe, Jungfrau, Waage und Skorpion. Im Schützen wechselt er dann wieder die Richtung. Im Garten hat er ähnliche Wirkungen wie der abnehmende Mond.

Es sind die Tierkreiszeichen des Sommers und des Herbstes, die der Mond auf seiner absteigenden Bahn durchläuft.

13

Der Mond in den Tierkreiszeichen

Darstellung des astrologischen Tierkreises mit den zwölf Sternzeichen, die der Mond während eines monatlichen Erdumlaufs durchwandert.

🌙 **Tipp 13**
Jedes der zwölf Tierkreiszeichen steht für jeweils sechs Monate im zunehmenden und im abnehmenden Mond.

Bei seinem etwa 28-tägigen Umlauf um die Erde wandert der Mond durch die zwölf Sternbilder des astrologischen Tierkreises. In jedem von ihnen hält er sich für etwa zwei bis drei Tage auf.

Die Mondkräfte, deren Wirkung durch die verschiedenen Mondphasen bestimmt wird, werden dabei mit den astrologischen Einflüssen kombiniert, die von den Sternbildern ausgehen. Dadurch entstehen ganz besondere Kräfte, die für Gartenbau, Landwirtschaft und Holzbearbeitung von bedeutsamer Wirkung sind.

In der Tabelle auf der folgenden Seite ist dargestellt, wann die unterschiedlichen Mondphasen im Verlauf eines Jahres mit den zwölf Tierkreiszeichen zusammenfallen. Daraus ist deutlich zu ersehen, dass jedes Tierkreiszeichen im Verlauf eines Jahres jeweils für sechs Monate im zunehmenden und dann wieder sechs Monate im abnehmenden Mond steht.

Aus der Kenntnis dieser Sachverhalte können wichtige Regeln für die Praxis abgeleitet werden, weil die unterschiedlichen Mondphasen den »Grundeigenschaften« der Tierkreiszeichen eine ganz bestimmte Richtung verleihen.

Die Impulse der Tierkreiszeichen im Mondrhythmus

Die Impulse des Mondes auf das irdische Leben wirken, zusammenfassend gesehen, einerseits über die direkten energetischen Einflüsse, die durch die verschiedenen Mondphasen ausgeübt werden, und andererseits durch die eher indirekten astrologischen Einflüsse, die von den Tierkreiszeichen ausgehen, welche der Mond auf seinem Erdumlauf durchwandert.

Tierkreiszeichen und Mondphasen

Tierkreis-zeichen	Neumond	Abnehmender Mond	Vollmond	Zunehmender Mond
Widder	April	April–Okt.	Okt.	Okt.–April
Stier	Mai	Mai–Nov.	Nov.	Nov.–Mai
Zwillinge	Juni	Juni–Dez.	Dez.	Dez.–Juni
Krebs	Juli	Juli–Jan.	Jan.	Jan.–Juli
Löwe	Aug.	Aug.–Febr.	Febr.	Febr.–Aug.
Jungfrau	Sept.	Sept.–März	März	März–Sept.
Waage	Okt.	Okt.–April	April	April–Okt.
Skorpion	Nov.	Nov.–Mai	Mai	Mai–Nov.
Schütze	Dez.	Dez.–Juni	Juni	Juni–Dez.
Steinbock	Jan.	Jan.–Juli	Juli	Juli–Jan.
Wassermann	Febr.	Febr.–Aug.	Aug.	Aug.–Febr.
Fische	März	März–Sept.	Sept.	Sept.–März

Die astrologische Wirkung der Tierkreiszeichen teilt sich der Natur über und durch vier verschiedene Urelemente mit, wie sie schon im antiken Griechenland bekannt waren: die Erde, das Wasser, die Luft und das Feuer.

Tierkreiszeichen und Urelemente

▶ Dem Element **Erde** werden die Tierkreiszeichen Stier, Jungfrau und Steinbock zugeordnet.

▶ Dem Urelement **Wasser** gehören die Tierkreiszeichen Krebs, Skorpion und Fische an.

▶ Als **Luftzeichen** werden die Tierkreiszeichen Zwillinge, Waage und Wassermann betrachtet.

▶ Dem **Feuer** rechnet man die Tierkreiszeichen Widder, Löwe und Schütze zu.

Tipp 14 ☽

Jeweils drei Tierkreiszeichen werden einem der vier Elemente zugeordnet. Zur Erde zählen Stier, Jungfrau und Steinbock; als Wasserzeichen gelten Krebs, Skorpion und Fische; Luftzeichen sind Zwillinge, Waage und Wassermann; dem Feuer werden Widder, Löwe und Schütze zugeordnet.

Die vier Trigonen

Durch die beschriebene Zuordnung der Tierkreiszeichen zu den Urelementen entstehen vier Trigonen (Elementegruppen), die bestimmte Grundmuster in verschiedenen Bereichen des Lebens und der Natur angeben.

Trigonen und Pflanzentyp

Den vier Trigonen sind in der Pflanzenwelt unterschiedliche Wuchsformen zugeordnet, die von ihnen besonders beeinflusst werden. Aus dem Wissen um die Einflüsse der Elemente lassen sich optimale Termine für Aussaat, Pflege und Ernte der verschiedenen Pflanzen und Feldfrüchte ableiten.

Der **Erdtrigone** werden die **Wurzel**pflanzen zugeordnet, also die Pflanzen, die mit ihrem Hauptteil in den Boden hineinwachsen.

Dazu gehören u. a. Kartoffeln, Knoblauch, Kohlrüben, Möhren, Pastinaken, Radieschen, Rettich, Rote Bete, Schwarzwurzel, Sellerie, Wurzelpetersilie und Zwiebeln.

Der **Wassertrigone** sind die **Blatt**pflanzen zugeordnet, also alle Gewächse, deren Aktivität und Produktivität sich überwiegend oberhalb der Bodenfläche entfalten.

Dazu gehören u. a. Blattpetersilie, Blumenkohl, Chicorée, Endivien, Feldsalat, Fenchel, Kohlrabi, Kopf-, Eis-, Schnitt- und Pflücksalat, Lauch, Mangold, Rosenkohl, Rotkohl, Spargel, Spinat, Weißkohl, Wirsing und alle anderen Blattkräuter.

Der **Lufttrigone** werden alle **Blüten**pflanzen zugeordnet.

Dazu gehören beispielsweise Brokkoli, Sommerblumen und auch Blütenstauden.

Der **Feuertrigone** sind schließlich die **Frucht**pflanzen zugeordnet, deren Produktivität vor allem auf den Aufbau des Fruchtkörpers gerichtet ist.

Dazu gehören u. a. Auberginen, Bohnen, Erbsen, Erdbeeren, Getreide, Gurken, Kürbis, Mais, Paprika, Tomaten, Zucchini, Baum- und Strauchobst.

Trigonen und Tagesqualität

Der Einfluss der Tierkreiszeichen erstreckt sich über das Wirken der Mondimpulse in gewissem Maß auch auf die Witterungsverhältnisse eines bestimmten Tages, auf die so genannte Tagesqualität. Pflanzen spüren diesen Einfluss viel eher als wir Menschen, deshalb ist er nicht ohne Bedeutung für sie.

Kältetage – wenn der Mond in einem Zeichen der Erdtrigone steht – zeichnen sich durch ein kühles Mikroklima aus, selbst wenn die Lufttemperaturen hoch sein sollten.

Bestimmt ein Wasserzeichen den Tag, sind Niederschlag oder – bei trockenem Wetter – mehr **Feuchtigkeit** (z. B. des Bodens) gegeben.

Die Zeichen der Lufttrigone bedingen eine intensivere **Licht**einstrahlung auf die Pflanzenwelt.

Befindet sich der Mond in einem Feuerzeichen, dann herrscht angenehme **Wärme** vor.

Tipp 16 ☽
Die Tagesqualität der Tierkreiszeichen wird oft von anderen Witterungserscheinungen überlagert, so dass sie nur schwer nachzuweisen ist. Erfahrene Gartenfreunde wissen aber, dass an Löwetagen empfindliche Pflanzen eher »Verbrennungen« aufweisen als z. B. an Steinbocktagen.

Überblick

Tierkreiszeichen	Element	Pflanzentyp	Tagesqualität	Mond, auf-/absteigend
Widder	Feuer	Frucht	Wärme	Aufsteigend
Stier	Erde	Wurzel	Kälte	Aufsteigend
Zwillinge	Luft	Blüte	Licht	Auf-/absteigend
Krebs	Wasser	Blatt	Feuchtigkeit	Absteigend
Löwe	Feuer	Frucht	Wärme	Absteigend
Jungfrau	Erde	Wurzel	Kälte	Absteigend
Waage	Luft	Blüte	Licht	Absteigend
Skorpion	Wasser	Blatt	Feuchtigkeit	Absteigend
Schütze	Feuer	Frucht	Wärme	Ab-/aufsteigend
Steinbock	Erde	Wurzel	Kälte	Aufsteigend
Wassermann	Luft	Blüte	Licht	Aufsteigend
Fische	Wasser	Blatt	Feuchtigkeit	Aufsteigend

Grundlegende Mond-regeln für den Garten

Der zunehmende Mond beschleunigt das Wachstum über der Erde. Der Boden atmet aus, die Säfte steigen nach oben.

🌙 **Tipp 17**

Bei der Bestimmung des günstigsten Zeitpunkts für eine bestimmte Tätig-keit im Garten spielen neben den gegebenen klimatischen Verhält-nissen vor allem die aktuelle Mondphase und das vom Mond gerade durchlaufene Tierkreis-zeichen eine Rolle.

Dass die Lebensvorgänge der Pflanzen – Keimung, Wurzelbildung, Wachstum, Blüte, Fruchtbildung und Reife – einem auf- und ab-schwellenden Rhythmus unterliegen, dessen Takt durch die wechseln-de Stellung des Mondes entweder bestimmt oder aber bemessen wird, wurde schon bei der Beschreibung des wechselnden Mondes (siehe Seite 8ff.) klar.

Dort wird vor allem darauf verwiesen,

▶ Dass in den verschiedenen Mondphasen die Erde mehr oder weni-ger aufnahmefähig ist

▶ Dass der Transport der Säfte sowie Nährstoffe in unterschiedliche Richtungen verläuft und

▶ Dass auch die Perioden des absteigenden bzw. aufsteigenden Mon-des Einfluss auf das Naturgeschehen haben.

Weiter kann man erkennen,

▶ Dass bestimmte Gruppen der Tierkreiszeichen, die der Mond bei seiner Erdumkreisung durchwandert, jeweils verschiedene Pflanzen-organe stimulieren und

▶ Dass sie den Witterungseinfluss auf die Gewächse mit bestimmen.

Erfahrung und Gefühl

Wenn wir nun aus diesem allgemeinen Wissen um den Einfluss des Mondes einige praktische Ratschläge für den Umgang mit den Pflan-zen ableiten, stützen wir uns weniger auf theoretische Überlegungen, sondern vor allem auf jahrhundertealte Kenntnisse von Gärtnern und Landwirten, die noch heute für Aussaat, Pflege und Ernte die Mond-regeln anwenden, die sie von ihren Eltern und Großeltern übernom-men haben.

Doch der Rückgriff auf Wissen und Erfahrung früherer Generationen allein macht den Erfolg noch lange nicht aus. Man kann es immer wieder erleben, dass Gärtner, die ihr Stück Erde unter nahezu gleichen Naturbedingungen bearbeiteten, ganz unterschiedliche Erfolge haben.

Liegen diese Ergebnisse dann an den verschiedenen Kenntnissen, am mangelnden Geschick des einen oder an besonderen Fähigkeiten des anderen?

Gewiss, das sind Gründe, aber meist nicht die entscheidenden. Bestimmend für den Erfolg ist nach den Erfahrungen vieler vor allem das Gefühl, das man für Pflanzen als lebende Wesen hat – oder eben nicht – hat. Ein solches Gefühl mag manchen Menschen ja als göttliches Geschenk gegeben sein. Und die anderen, die es leider noch nicht besitzen, können es durchaus selbst erwerben.

Das Wissen um die Mondrhythmen kann dabei helfen – nicht als universales Rezept, sondern als Begleiter auf einem Weg, den man selbst bestimmen muss.

Tipp 18 ☽

Wer sich die natürlichen Rhythmen zunutze macht und mit dem Mond gärtnert, benötigt viel weniger künstliche – vor allem chemische – Hilfsmittel, um gute Erträge zu erreichen. Er leistet damit auch einen ganz praktischen Beitrag zum Schutz der natürlichen Umwelt.

Verantwortung für die Umwelt

Mit dem richtigen Quantum an Wissen und Gefühl seinen Garten zu bestellen, das bedeutet auch, Verantwortung zu übernehmen. Denn wer mit Pflanzen umgeht, trägt eine hohe Verantwortung für unsere Umwelt. Die Plünderung des Bodens sowie die Belastung des Grundwassers und der Gewässer durch falsche Düngung oder übertriebene Unkraut- bzw. Schädlingsbekämpfung haben zu einer Umweltzerstörung geführt, die endlich aufgehalten werden muss. Dazu kann, ja muss jeder seinen Beitrag leisten – auch der Hobbygärtner, der nur ein paar Quadratmeter Bodenfläche bearbeitet. Auch dabei können die Mondregeln behilflich sein. Denn wer seinen Garten oder sein Feld im Einklang mit den natürlichen Rhythmen bearbeitet, wird bald feststellen, dass er auf viele chemische Hilfs- und Zusatzstoffe verzichten kann und dennoch eine gute, vor allem gesunde Ernte einbringt. Noch mehr wert ist aber das gute Gewissen, das er gegenüber der natürlichen Umwelt haben kann, die auch Lebensraum für unsere Kinder und Enkel sein wird.

Die verschiedenen Gartenarbeiten

🌙 **Tipp 19**
Schwerer Boden sollte schon im Spätherbst des vorangegangenen Jahres bei abnehmendem Mond an einem Erdtag umgegraben werden. Der Winterfrost trägt zur Lockerung und Strukturverbesserung bei.

Aus den allgemeinen Zusammenhängen wollen wir nun Vorschläge für den besten Zeitpunkt der wichtigsten Gartenarbeiten ableiten. Dabei wird der Leser sicher bemerken, dass nicht alle der folgenden Ratschläge sich streng an die vom Mond bestimmten Rhythmen halten. Das hat manchmal gute Gründe, die dann auch genannt werden; oft aber beruhen solche »Sonderfälle« auf bewährten Erfahrungen, die einfach nicht zu erklären sind. Probieren Sie es aus, prüfen Sie die Regeln kritisch, gewinnen Sie Ihre eigene Überzeugung!

Die Bodenvorbereitung im Frühjahr

Bevor Saatgut oder Pflanzen in den Boden kommen, muss die Erde gelockert werden. Man beginnt mit dem Umgraben im zeitigen Frühjahr bei zunehmendem Mond an einem Löwetag. Dadurch werden die Unkrautsamen im Boden zum Keimen angeregt. Ein zweites Mal lockert man dann bei abnehmendem Mond, am besten an einem Steinbocktag. Dabei können die meisten Unkräuter beseitigt werden. Wenn man noch ein drittes Mal umgraben will, wählt man erneut einen Tag bei abnehmendem Mond.

🌙 **Tipp 20**
Wenn bei der Bodenvorbereitung im Frühjahr Stallmist eingebracht werden soll, dann nicht zu tief, weil der Mist Sauerstoff zum Verrotten braucht.

Den Boden gut lockern

Viele Gartenfreunde, die sich dem biologisch-dynamischen Landbau verschrieben haben, sind strikt gegen das Umgraben des Gartenbodens mit dem Spaten, weil dadurch das organisch gewachsene Bodengefüge zerstört werde. So sehr man dieser Ansicht folgen kann, muss doch andererseits auch bedacht werden, dass der Boden Lockerung braucht, damit sich neues Leben in ihm entwickeln kann. Als Kompromiss hat sich die Bodenlockerung mit der Grabegabel und/oder dem so genannten Sauzahn (Kultivator) durchgesetzt. Ganz unverzichtbar ist aber das Hacken (Jäten) während der Vegetationsperiode der Pflanzen, weil nur dadurch erreicht wird, dass der notwendige Gasaustausch stattfindet und Wasser sowie Nährstoffe rasch in den Boden eindringen können. Übrigens wird auch die Wirkung der Mondenergie auf diese Weise erhöht.

20

Das Mulchen

Mulchen bedeutet, den Boden mit organischem Material so abzudecken, dass die Erde einerseits Nährstoffe erhält und andererseits vor dem Austrocknen geschützt ist. Auch das Aufkommen von Unkraut wird so unterdrückt.

Für das Mulchen eignen sich dünne Schichten (höchstens drei Zentimeter) folgender Materialien:

▶ **Gras- und Rasenschnitt** ist günstig. Man sollte ihn allerdings vor dem Ausbringen für einige Stunden antrocknen lassen, damit keine Fäulnisprozesse in Gang gesetzt werden.

▶ **Laub, Nadeln** und möglichst klein gehäckselte **Zweige** von Gartengehölzen sind gut verwendbar.

▶ **Brennnesseln** sind besonders gut geeignet, denn sie wirken gleichzeitig als intensiver Gründünger. Allerdings sollte man darauf achten, dass die Pflanzen vor der Blüte geschnitten werden, damit sie nicht als Unkraut auf den Beeten ausgesät werden.

▶ **Rinde** in klein gehäckselter Form eignet sich sehr gut für das Abdecken der Pflanzscheiben von Sträuchern, Ziergehölzen und Rosen. Auch für Gartenwege ist Rinde als Mulchmaterial geeignet. Im Gemüsegarten sollte man sie meiden, da der eventuell noch vorhandene Gehalt an Gerbsäure die Bodenreaktion negativ beeinflussen kann.

▶ **Kapuzinerkresse,** auf den Baumscheiben der Obstbäume ausgesät, bildet eine natürliche Mulchdecke, hält Schädlinge fern und ist mit ihren Blüten im Sommer eine wahre Augenweide.

▶ **Spezielle Mulchfolien oder Mulchpapier,** das im Fachhandel angeboten wird, können ebenfalls verwendet werden, wenn natürliches Material nicht zur Verfügung steht.

Die Mulchschicht sollte immer bei abnehmendem Mond, zumindest aber bei absteigendem Mond aufgebracht werden, da dann die Nährstoffe besser in den Boden einziehen können.

Vermeiden sollte man aber unbedingt feuchtes Wetter, damit Fäulnis und Schimmelbildung keine Chance haben. Bei lang anhaltender, feuchter und kühler Witterung sollte die Mulchschicht gelegentlich gelüftet oder zeitweise entfernt werden. Das gilt vor allem auch für die Zeit nach der Schneeschmelze im Frühjahr.

Tipp 21 ❯

Mulchmaterial, das über den Winter liegen geblieben ist, sollte nach der Schneeschmelze unbedingt aufgenommen werden, da sonst Fäulnisprozesse einsetzen können. Empfehlenswert ist hierfür ein Erdtag bei zunehmendem Mond. Fauliges oder schimmeliges Mulchmaterial sollten Sie niemals untergraben.

Säen und pflanzen

Je nach geografischer Lage und Wetterbedingungen wird man Mitte bis Ende März mit der Aussaat im Freiland beginnen. Im Frühbeet oder unter Folie kann das schon im Februar geschehen.

Grundsätzlich sollten Sie Folgendes beachten:

☾ Tipp 22

Wenn es nicht möglich ist, die Sä- oder Pflanzarbeiten innerhalb der optimalen Mondphase vorzunehmen, gibt es immer noch eine Alternative: anstatt des zunehmenden Mondes die aufsteigenden Zeichen (Schütze bis Stier) sowie für den abnehmenden Mond die Zeichen des absteigenden Mondes (Zwillinge bis Skorpion).

Pflanzen, die hauptsächlich unter der Erde wachsen, sollten immer bei abnehmendem oder absteigendem Mond gesät bzw. gepflanzt werden.

Achten Sie bei Wurzelgemüse außerdem auf einen Erdtag (vor allem Jungfrau). Es gibt allerdings einen wichtigen Sonderfall: Kartoffeln legt man zwar auch bei abnehmendem Mond, aber am besten bald nach Vollmond.

Die günstigsten Zeiten für den Anbau von Blattgemüse sind Wassertage (vor allem Krebs und Skorpion). Und auch hier gibt es wieder einen Sonderfall: Kopfsalat sät oder pflanzt man zwar auch an Wassertagen, aber es sollte unbedingt bei abnehmendem Mond geschehen, da er, bei zunehmendem Mond in die Erde gebracht, sehr leicht »schießt« und keine Köpfe bildet.

Pflanzen, die überwiegend über der Erde wachsen und Frucht ansetzen, sät oder pflanzt man bei zunehmendem oder aufsteigendem Mond.

Fruchtpflanzen sät oder pflanzt man an einem Feuertag (vor allem Widder und Schütze).

Für Blumen und viele Blütenkräuter ist ein Lufttag (vor allem Zwillinge und Wassermann) – wenn möglich noch bei zunehmendem Mond – der beste Aussaatzeitpunkt.

☾ Tipp 23

Die Zeiten des Mondbruchs bei Neu- und Vollmond sind ungünstig für alle Sä- und Pflanzarbeiten. Lassen Sie Ihre Pflanzen für ein paar Stunden in Ruhe.

Bei den Aussaatterminen sollten neben den Mondzeiten selbstverständlich auch die Jahreszeit und die konkreten Witterungsbedingungen beachtet werden.

Zur schnellen Übersicht finden Sie auf der gegenüberliegenden Seite eine Tabelle mit den günstigsten Aussaat- und Pflanzzeiten für einige wichtige Kulturpflanzen.

Die besten Aussaattermine

Pflanzen	Pflanzen-typ	Mondphase	Aussaat-zeichen	Pflanzen	Pflanzen-typ	Mondphase	Aussaat-zeichen
Auberginen	Frucht	Zunehmend	Feuer	Mais	Frucht	Zunehmend	Feuer
Beerenobst	Frucht	Zunehmend	Feuer	Mangold	Blatt	Zunehmend	Wasser
Blattkräuter	Blatt	Zunehmend	Wasser	Meerrettich	Wurzel	Abnehmend	Erde
Blütenstauden	Blüte	Zunehmend	Luft	Möhren	Wurzel	Abnehmend	Erde
Blumenkohl	Blatt	Zunehmend	Wasser	Paprika	Frucht	Zunehmend	Feuer
Bohnen	Frucht	Zunehmend	Feuer	Pastinaken	Wurzel	Abnehmend	Erde
Brokkoli	Blüte	Zunehmend	Luft	Petersilie	Blatt	Zunehmend	Wasser
Endivien	Blatt	Zunehmend	Wasser	Radieschen	Wurzel	Abnehmend	Erde
Erbsen	Frucht	Zunehmend	Feuer	Raps	Frucht	Zunehmend	Feuer
Fenchel	Blatt	Zunehmend	Wasser	Rettich	Wurzel	Abnehmend	Erde
Erdbeeren	Frucht	Zunehmend	Feuer	Rote Bete	Wurzel	Abnehmend	Erde
Futterpflanzen	Blatt	Zunehmend	Wasser	Kopfsalat	Blatt	Abnehmend	Wasser
Gartenblumen	Blüte	Zunehmend	Luft	Schwarzwurzel	Wurzel	Abnehmend	Erde
Getreide	Frucht	Zunehmend	Feuer	Sellerie	Wurzel	Abnehmend	Erde
Gurken	Frucht	Zunehmend	Feuer	Sonnenblumen	Frucht	Zunehmend	Feuer
Kartoffeln	Wurzel	Abnehmend	Erde	Spargel	Blatt	Abnehmend	Wasser
Knoblauch	Wurzel	Abnehmend	Erde	Spinat	Blatt	Zunehmend	Wasser
Kohl	Blatt	Abnehmend	Wasser	Tomaten	Frucht	Zunehmend	Feuer
Kohlrabi	Blatt	Zunehmend	Wasser	Wurzelpetersilie	Wurzel	Abnehmend	Erde
Kürbis	Frucht	Zunehmend	Feuer	Zucchini	Frucht	Zunehmend	Feuer
Lauch	Wurzel	Abnehmend	Erde	Zuckerrüben	Wurzel	Abnehmend	Erde
Linsen	Frucht	Zunehmend	Feuer	Zwiebeln	Wurzel	Abnehmend	Erde

Fruchtfolge und Pflanzengemeinschaften

Die Zuordnung der verschiedenen Nutzpflanzen zu den entsprechenden Gattungen – Wurzelgemüse, Blattgemüse, Blüten- und Fruchtpflanzen – lässt uns vermuten, dass zu einer Gattung gehörende Pflanzen einen ähnlichen Nährstoffbedarf haben und den Boden auch in ähnlicher Weise »belasten«. Deshalb ist es empfehlenswert, nicht hintereinander Pflanzen der gleichen Gattung an derselben Stelle anzubauen. Man sollte daher – um den Boden im Gleichgewicht zu halten – wenigstens darauf achten, dass in aufeinander folgenden Jahren zwischen Wurzelpflanzen und oberirdisch wachsenden Pflanzen gewechselt wird. Noch viel besser ist es, eine so genannte biologisch-dynamische Fruchtfolge einzuhalten, bei der im vierjährigen Rhythmus nacheinander Wurzel-, Frucht-, Blüten- und Blattgewächse angepflanzt werden, z. B. im

▶ 1. Jahr: Möhren (Wurzel)
▶ 2. Jahr: Tomaten (Frucht)
▶ 3. Jahr: Brokkoli (Blüte)
▶ 4. Jahr: Spinat (Blatt).

So, wie die Fruchtfolge der verschiedenen Pflanzengattungen günstige oder ungünstige Auswirkungen auf die Bodenqualität und den Ertrag hat, beeinflussen sich die verschiedenen Pflanzen untereinander, wenn sie in einer Vegetationsperiode nebeneinander aufwachsen. Im günstigen Fall haben sie Bedarf an verschiedenen Nährstoffen in unterschiedlichen Bodentiefen und schützen sich gegenseitig vor Schädlingen und zu starker Sonneneinstrahlung. Im ungünstigen Fall konkurrieren sie um die Nährstoffe, locken Schädlinge geradezu an und machen sich gegenseitig das Licht streitig.

Gute Nachbarn für Wurzelgemüse

▶ Für Möhren: Erbsen, Dill, Knoblauch, Lauch, Mangold, Radieschen, Rettich, Schnittlauch, Tomaten, Zwiebeln
▶ Für Zwiebeln: Erdbeeren, Feldsalat, Gurken, Kamille, Kopfsalat, Möhren, Rote Bete
▶ Für Sellerie: Buschbohnen, Gurken, Kohl, Kohlrabi, Kopfsalat, Lauch, Spinat, Tomaten
▶ Für Kartoffeln: Buschbohnen, Kapuzinerkresse, Kohl, Salat, Spinat.

◖ Tipp 24
Besonders in kleineren Gärten fällt es oft schwer, die optimale Fruchtfolge einzuhalten. Dann ist es besser, für einige Zeit auf ein bestimmtes Gemüse aus dem eigenen Garten zu verzichten, um eine dynamische Bodenfruchtbarkeit zu erhalten. Eine einseitige Auszehrung kann nur schwer mit zusätzlichen Nährstoffgaben wettgemacht werden.

Gute Nachbarn für Blattgemüse

▶ *Für Kopfsalat: Dill, Erdbeeren, Kartoffeln, Kohl, Lauch, Radieschen, Rote Bete, Sellerie, Stangenbohnen, Tomaten, Zwiebeln*
▶ *Für Spinat: Erbsen, Erdbeeren, Gurken, Kartoffeln, Kohl, Kohlrabi, Radieschen, Stangenbohnen, Tomaten*
▶ *Für Lauch: Fenchel, Kohl, Möhren, Salat, Sellerie, Tomaten*
▶ *Für Petersilie: Radieschen, Tomaten.*

Gute Nachbarn für Blütenpflanzen

▶ *Für Erdbeeren: Buschbohnen, Kopfsalat, Rote Bete, Spinat, Zwiebeln*
▶ *Für Kamille: Kohl, Lauch, Zwiebeln*
▶ *Für Kapuzinerkresse: Kartoffeln, Radieschen.*

Gute Nachbarn für Fruchtpflanzen

▶ *Für Bohnen: Bohnenkraut, Erdbeeren, Kartoffeln, Kohlrabi, Rote Bete, Salat, Sellerie, Spinat, Tomaten*
▶ *Für Erbsen: Gurken, Möhren, Radieschen, Rettich, Spinat, Zucchini*
▶ *Für Gurken: Erbsen, Fenchel, Kohlrabi, Sonnenblumen, Spinat, Zwiebeln*
▶ *Für Tomaten: Basilikum, Bohnen, Kohlrabi, Kopfsalat, Lauch, Möhren, Petersilie, Radieschen, Spinat.*

Tipp 25 🌙

**Gemüse, die niemals nebeneinander angebaut sein sollten:
Bohnen und Erbsen,
Bohnen und Zwiebeln,
Kartoffeln und Zwiebeln,
Kohl und Zwiebeln,
Petersilie und Kopfsalat,
Rotkraut und Tomaten,
Rote Bete und Tomaten,
Tomaten und Erbsen.**

Durch die sinnvolle Zusammenstellung von Pflanzengemeinschaften, die ihr biologisches Potenzial gemeinsam nutzen und sich gegenseitig vor schädlichen Einflüssen schützen, kann die Effektivität kleiner Gärten wesentlich erhöht werden.

Gießen und wässern

Im Allgemeinen wird in unseren Gärten viel zu viel gegossen und bewässert. Das schwächt die Widerstandskraft der Pflanzen, schwemmt die Nährstoffe fort, fördert den Befall durch Schädlinge sowie Krankheiten und führt in vielen Fällen dazu, dass das Erntegut nicht so gut schmeckt und schon nach kurzer Lagerung verdirbt.

Auch bei der Pflege von Balkon- und Zimmerpflanzen wird dieser Fehler häufig begangen, und man wundert sich dann, dass die Pflanzen nicht so recht gedeihen wollen. Unsere Tipps gelten auch für sie. Wenn das Gießen nötig ist, sollten die Pflanzen an den Tagen gegossen oder bewässert werden, wenn der Mond in einem Wasserzeichen (Krebs, Skorpion, Fische) steht. Das Wasser wird an diesen Tagen viel besser aufgenommen und hält länger vor. Die Pflanzen können das Wasser besonders gut speichern und kommen bis zum nächsten Gießtag mit der Feuchtigkeit aus.

☾ Tipp 26

Auch für das Gießen gilt: Bei abnehmendem Mond ist der Boden besonders aufnahmefähig, so dass eine Vorratsbewässerung in dieser Zeit erheblich effektiver ist als bei zunehmendem Mond. Das gilt übrigens auch für Zimmerpflanzen, die auf künstlichen Substraten wachsen.

Vorsicht Schädlinge!	
Gießen bzw. bewässern Sie Ihre Pflanzen nie an Lufttagen (Zwillinge, Waage, Wassermann), da dann damit	gerechnet werden muss, dass sich mit hoher Wahrscheinlichkeit Schädlinge breit machen.

Organische Nährlösungen und Jauchen für gesunde Pflanzen

Wer auf biologisch-dynamischen Gartenbau setzt und weitgehend auf chemische Präparate für Düngung und Pflanzenschutz verzichten will, sollte seine Pflanzen vorbeugend mit kräftigenden und schützenden Pflanzenpräparaten behandeln.

Im Allgemeinen werden die Nährlösungen bei Vollmond oder bis drei Tage davor angesetzt und bei abnehmendem Mond, am günstigsten in der Nähe des Neumondes, angewendet. Auch der absteigende Mond kann dafür gewählt werden. Auf der folgenden Seite zeigen wir Ihnen, wie man diese Pflanzenpräparate ansetzt.

Jauche: Die Pflanzenteile im angegebenen Verhältnis mit kaltem Wasser (am besten Regenwasser) vermischen und in luftdurchlässig bedeckten Behältern (kein Metall) ein bis vier Wochen vergären lassen; täglich umrühren. Die Jauche ist fertig, wenn die Schaumbildung aufhört. Vor der Anwendung die verbliebenen Pflanzenrückstände absieben. Im angegebenen Verdünnungsverhältnis anwenden.

Kaltauszug: Die Pflanzenteile im angegebenen Verhältnis mit kaltem Wasser (am besten Regenwasser) vermischen; nach 24 Stunden die Pflanzenteile entnehmen (auswringen). Die Flüssigkeit noch vor der Gärung absieben und im angegebenen Verdünnungsverhältnis anwenden.

Brühe: Die Pflanzenteile im angegebenen Verhältnis mit kaltem Wasser ansetzen und 24 Stunden weichen lassen; dann bei schwacher Hitze für ca. eine halbe Stunde aufkochen lassen. Abkühlen lassen, absieben und im angegebenen Verdünnungsverhältnis anwenden.

Tee: Zerkleinerte Pflanzenteile (meist Kräuter) im angegebenen Verhältnis mit kochendem Wasser übergießen und zugedeckt für etwa eine halbe Stunde ziehen lassen. Abkühlen lassen, absieben und im angegebenen Verdünnungsverhältnis anwenden.

Tipp 27 ☽
Für Brennnesseljauche verwendet man stets Pflanzen, die noch keine Blüten bzw. Samen angesetzt haben. Sonst holt man sich das Unkraut in den Garten.

Organische Kraftmacher für Pflanzen

Präparat	Zubereitung	Pflanzenmasse/ l Wasser	Verdünnung	Wirkung
Baldrian	Tee	10 g	Unverdünnt	Fruchtbildung
Beinwell	Jauche	100 g	1 : 5	Wachstum
Brennnessel	Jauche	100 g	1 : 10	Kräftigung
Farnkraut	Tee	20 g	Unverdünnt	Gegen Schädlinge
Kamille	Kaltauszug	50 g	1 : 5	Kräftigung
Schachtelhalm	Brühe	150 g	1 : 5	Gegen Schädlinge
Schachtelhalm	Tee	100 g	1 : 5	Wachstum
Tomate	Kaltauszug	120 g	1 : 10	Kräftigung
Zwiebelschalen	Tee	10 g	Unverdünnt	Gegen Pilze

Beachten Sie bei der Wahl des Anwendungszeitpunktes der Pflanzenpräparate auch die beabsichtigte Wirkung. Für den Wurzelbereich sind Erdtage (Stier, Jungfrau, Steinbock) sehr gut geeignet, für die Behandlung der Blätter Wassertage (Krebs, Skorpion, Fische), für die Anwendung bei Blütenpflanzen Lufttage (Zwillinge, Waage, Wassermann) und für Früchte Wärmetage (Widder, Löwe, Schütze). Aber immer bei abnehmendem oder absteigendem Mond!

Düngen und kompostieren

Was bereits über das Gießen gesagt worden ist, gilt auch für das Düngen: Viel hilft nicht viel! Im Gegenteil – jede Überdüngung, vor allem mit Mineralstoffen, schadet doppelt und dreifach: zum einen der Kraft und Stabilität der Pflanze, deren Wurzelbildung zurückgeht, weil sie nun nicht mehr die Nährstoffe in tieferen Bodenschichten suchen muss; zum anderen der Erde, deren chemisches und biologisches Gleichgewicht entsprechend gestört wird. Schließlich aber schadet sie auch der Umwelt im weiteren Sinne, denn die überschüssigen mineralischen Nährstoffe, die nicht von der Pflanze aufgenommen werden, gelangen entweder ins Grundwasser und vergiften dieses Trinkwasserreservoir. Oder sie werden mit dem Regenwasser in Bäche sowie Seen geschwemmt und führen dort zu ungebremstem Algen- und Wasserpflanzenwachstum, was letztendlich den ökologischen Tod der Gewässer bedeuten kann.

Wenn also gedüngt werden muss, sollte man die folgenden Regeln unbedingt beachten:

Was die Wahl des Tierkreiszeichens betrifft, gibt es Varianten, die man bei speziellen Pflanzenarten zu berücksichtigen hat.

☾ **Tipp 28**
Die Wirkung des abnehmenden Mondes wird noch verstärkt, wenn Düngung und Gießen mit Pflanzenpräparaten am Nachmittag erfolgen.

☾ **Tipp 29**
Wenn Sie den Dünger zum richtigen Zeitpunkt ausbringen, wird er von den Pflanzen optimal aufgenommen und umgewandelt. Die Gefahr, dass überschüssiger Dünger das Grundwasser belastet, ist dadurch wesentlich geringer.

Der richtige Düngezeitpunkt

Der günstigste Termin für das Ausbringen von mineralischem Dünger ist die Zeit des Vollmondes und des abnehmenden Mondes. Erde und Wurzeln besitzen dann die beste Aufnahmefähigkeit.

Eine Anlage für die Kompostbereitung gehört in jeden Garten. Beim Ansetzen sollten Sie auf den abnehmenden Mond achten.

Gemüse, Getreide und Obst düngt man am besten an einem Widder- oder Schützetag.

Blumen und Zierpflanzen soll man dagegen an einem Wassertag (Krebs, Skorpion, Fische) düngen.

An Löwetagen sollte man auf keinen Fall düngen, weil die Erde zu trocken werden kann und die Pflanzen »verbrennen«.

In jedem Fall aber müssen Sie darauf achten, dass Vollmond oder abnehmender Mond gegeben ist. Die gleichen Regeln gelten für Zimmer- und Balkonpflanzen, die Sie allerdings auch ein- bis zweimal im Jahr zwischendüngen können: bei schwach entwickelten Wurzeln an einem Erdtag (Stier, Jungfrau, Steinbock); um die Blüte zu fördern, an einem Lufttag (Zwillinge, Waage, Wassermann).

Kompost – das Erfolgsrezept der Gärtner

Das beste und zugleich umweltfreundlichste Nährstoffangebot, das Sie Ihren Gartenpflanzen bieten können, ist organischer Humus.

Beim Kompostieren entsteht aus pflanzlichen und anderen organischen Abfällen durch die Lebenstätigkeit unzähliger Klein- und Kleinstlebewesen wieder wertvolle Humuserde, die dann als natürlicher Dünger und als Bodenverbesserungsmittel zur Verfügung steht. Guter Kompost pflegt den Bo-

Tipp 30 ☽
Wichtig ist, dass der Komposthaufen möglichst immer mit einer dünnen Schicht aus Rasenschnitt bedeckt ist, damit er die Feuchtigkeit hält. Bei lang anhaltender Trockenheit sollte der Komposthaufen gelegentlich gegossen werden, aber nur so viel, dass er feucht und nicht nass ist.

den in idealer Weise. Er belebt ihn, verbessert seine Struktur und führt ihm alle notwendigen Nährstoffe in einer Form zu, die die Pflanzen für ein gesundes, harmonisches Wachstum brauchen.

Das Ansetzen des Komposthaufens sollte immer bei abnehmendem oder absteigendem Mond erfolgen. Das Feststampfen erledigt man am besten bei zunehmendem Mond, und das Umsetzen an einem Steinbocktag. Wenn man Kalk oder andere Zusätze hinzufügen will, ist ein Jungfrautag am geeignetsten.

◖Tipp 31

Ein frisch angesetzter Komposthaufen muss mindestens ein halbes Jahr »reifen«. Ob die Komposterde richtig reif ist, kann man am Geruch feststellen. Gute Komposterde duftet nach Waldboden.

Bodenverbesserung durch Gründüngung

Es gibt einige Pflanzen, durch deren Anbau dem Gartenboden auf natürliche Weise wertvolle Nährstoffe zugeführt werden. Gleichzeitig lockern die Wurzeln dieser Gründüngerpflanzen den Boden auf und schützen ihn vor dem Austrocknen.

Die Pflanzen werden kurz vor der Blüte gemäht; die abgemähten Pflanzenteile arbeitet man dann zusammen mit dem Wurzelwerk in den Boden ein. Im Herbst kann man die Pflanzenteile auch als Mulchschicht liegen lassen.

Die Aussaat und das Einarbeiten kann im Frühjahr oder Herbst erfolgen – am günstigsten bei abnehmendem Mond und vorzugsweise in einem Tierkreiszeichen, das er absteigend durchläuft.

Zur Gründüngung besonders geeignete Pflanzen

Pflanzen	Aussaattermine	Bodenarten	Eigenschaften
Bienenfreund	März–August	Alle	Bienenweide
Buchweizen	April–August	Leicht, trocken	Sammelt Stickstoff
Hülsenfrüchte	Februar–September	Alle	Sammeln Stickstoff
Kapuzinerkresse	März–Mai	Alle	Verdrängt Unkraut
Kleesorten	März–September	Alle	Sammeln Stickstoff
Lupine	April–September	Alle	Sammelt Stickstoff
Luzerne	März–August	Kalkhaltig	Sammelt Stickstoff
Seradella	März–August	Sauer	Sammelt Stickstoff
Sommerwicke	Mai–September	Alle	Sammelt Stickstoff
Winterraps	August–September	Alle	Gute Durchwurzelung

Andere Gewächse besitzen die Fähigkeit, Nährstoffüberschüsse abzubauen – beispielsweise Kartoffeln.

Wieder andere Pflanzen sind in der Lage, unangenehme Bodenschädlinge zu vertreiben – z. B. Ringelblumen und Tagetes.

Exkurs: Mineralien und Tierkreiszeichen

Neben organischem Material brauchen die Pflanzen für ein gesundes Wachstum eine ganze Reihe von Mineralstoffen.

Um ökologisch und vor allem auch ökonomisch mit den Düngemitteln umgehen zu können, empfiehlt es sich, die betreffenden Mineralien dann auszubringen, wenn sie von den Pflanzen besonders gut verwertet werden.

Dazu gibt es folgende Anhaltspunkte:

▶ Kalium (K) ist wichtig für einen kräftigen Wuchs und die Zuckerbildung. Es wirkt sehr gut bei Mond im Stier.

▶ Kalzium (Ca) eignet sich sehr gut zur Regulierung des Säure-Basen-Gleichgewichts im Boden. Es wird am besten bei Mond in der Jungfrau ausgebracht.

▶ Magnesium (Mg) – wichtig für die Bildung von Blattgrün (Chlorophyll) – ist besonders wirksam, wenn der Mond in einem Wasserzeichen (Krebs, Skorpion, Fische) steht.

▶ Phosphor (P), der erfahrungsgemäß für reiche Blüte und guten Fruchtansatz sorgt, gibt man vorzugsweise an Fruchttagen (Widder, Löwe, Schütze) oder an Lufttagen (Zwillinge, Waage, Wassermann) dem Boden zu.

▶ Stickstoff (N) ist der Hauptnährstoff der Pflanzen, den sie unbedingt zur Bildung von Grünmasse, Blüten und Früchten benötigen. Die Stickstoffverwertung ist zu den Zeiten optimal, wenn der Mond im Steinbock steht.

Tipp 32 ❯
Um die einzelnen Nährstoffanteile gezielt einsetzen zu können, ist von Zeit zu Zeit eine Analyse des Gartenbodens zu empfehlen. Oft nehmen die Gartenfachgeschäfte Bodenproben zur Untersuchung entgegen.

Umpflanzen, umtopfen, veredeln

Diese für Nutz- und Ziergarten wichtigen und zugleich risikoreichen Arbeiten erledigt man im Frühjahr oder Herbst, am besten bei zunehmendem Mond.

Tipp 33
Von März bis September steht das Tierkreiszeichen Jungfrau immer im zunehmenden Mond. Jungfrautage sind deshalb besonders günstig für das Umtopfen bzw. Neueinpflanzen der Zimmer- und Balkonpflanzen. Will man diese Arbeiten im Herbst erledigen, ist ein Steinbocktag geeignet.

Für das Umpflanzen älterer Stauden und Gehölze empfiehlt sich die Zeit des absteigenden Mondes, besonders ein Jungfrautag.

Die Vermehrung durch Stecklinge ist am erfolgreichsten bei zunehmendem und absteigendem Mond, vor allem an einem Jungfrautag. Wenn Sie im Herbst Stecklinge schneiden, ist allerdings die Zeit des abnehmenden Mondes günstiger.

Obstbaumveredelung

Wenn Sie Obstbäume veredeln wollen, wählen Sie dafür die Zeit des zunehmenden Mondes.	am besten ist dann ein Feuertag (Widder, Löwe, Schütze), der nahe bei Vollmond liegt.

Pflanzen und Gehölze schneiden

Auch das Beschneiden von Pflanzen und Gehölzen muss vorsichtig und mit Gefühl erfolgen. Doch ganz im Gegensatz zu den genannten Arbeiten, bei denen die Säfte schnell wieder in die Pflanze oder den Pflanzenteil steigen sollen, muss man beim Schnitt das Aufsteigen und Austreten der Säfte möglichst verhindern, wenn die Pflanze keinen Schaden nehmen soll.

Deshalb wählt man für alle Schnittarbeiten die Zeit des abnehmenden Mondes.

Für den Schnitt der Obstgehölze, den man im Spätwinter an frostfreien Tagen durchführen soll, wählt man entweder einen Tag bei abnehmendem Mond in einem Feuerzeichen (Widder, Löwe, Schütze) oder einen mit absteigender Mondqualität.

Ganz ungünstig sind Wassertage bei zunehmendem Mond. Und besonders schädlich ist das Schneiden bei Vollmond im Krebs.

Kranke oder geschädigte Pflanzen und Gehölze werden wieder gesund und kräftig, wenn man kurz vor Neumond, am besten am Neumondtag selbst, ihre Spitzen zurückschneidet. Manchmal hilft auch ein ganz radikaler Rückschnitt zu diesem Zeitpunkt.

Für das Auslichten und das Zurückschneiden von Hecken und Sträuchern eignet sich erfahrungsgemäß ein Steinbocktag bei abnehmendem Mond. Denn die Pflanzen können dann nur langsam wieder nachwachsen.

Rasen mäht man am besten an Wassertagen (Krebs, Skorpion, Fische). Wenn man dafür die Zeit des zunehmenden Mondes wählt, wächst der Rasen rasch wieder nach.

Tipp 34 ☽

Auch kranke oder geschädigte Zimmerpflanzen erholen sich rasch wieder, wenn man an einem Neumondtag ein Drittel ihrer Triebe zurückschneidet.

Pflegen und jäten

Wenn es um das so genannte Unkraut geht, sind viele Gartenliebhaber sehr rigoros. Jedes Hälmchen wird sogleich attackiert – wenn es sein muss, mit ganz rabiaten chemischen Mitteln. Dabei vergessen sie, dass viele Pflanzen, die als Unkraut verdammt werden, wertvolle Heilkräuter sind und dass bei weitem nicht jede von ihnen den Nutzpflanzen Nährstoffe und Licht streitig macht. Oft bilden Kulturpflanze und »Unkraut« eine symbiotische Gemeinschaft, die zur Erhaltung des ökologischen Gleichgewichts im Boden sehr nützlich wirkt – ganz zu schweigen von der Giftfracht, die der Boden und möglicherweise das Grundwasser »schlucken« müssen, wenn Chemikalien zur Unkrautbekämpfung eingesetzt werden.

Wenn aber Unkrautvernichtung angesagt ist, dann sollte sie auf natürliche Weise erfolgen – durch Jäten und Ausreißen.

Dazu geben wir Ihnen im Folgenden ein paar nützliche Mondtipps.

Tipp 35 ☽

Rasen sollte man im Sommer nicht allzu kurz schneiden; er »verbrennt« bei anhaltender Trockenheit leicht.

Der 18. Juni

In manchen Gegenden gilt der 18. Juni als Geheimtipp. Wenn an diesem Tag bis mittags Unkraut gejätet wird, soll es überhaupt nicht mehr nachwachsen. Probieren Sie es doch einfach einmal aus.

Günstige Termine für die Unkrautentfernung sind Steinbock-, Widder- und Jungfrautage bei abnehmendem sowie Wassermanntage bei zunehmendem Mond. Der Garten bleibt dann länger unkrautfrei.

Will man neu angelegte oder längere Zeit nicht gepflegte Flächen schnell und nachhaltig von Unkraut befreien, empfiehlt sich ein Trick: Man jätet zum ersten Mal bei zunehmendem Mond im Löwen. Dadurch wird das Unkraut massenhaft »hervorgelockt«. Ein zweites Mal wird dann bei abnehmendem Mond, am besten an einem Steinbocktag, gejätet. Dabei kann dann alles Unkraut entfernt werden.

Tipps zum richtigen Hacken

▶ Ganz allgemein gilt, dass die Pflanzen bei der Mondstellung gehackt werden sollten, bei der sie ausgesät bzw. gepflanzt worden sind.

▶ Wenn die Stickstoffbindung des Bodens verbessert werden soll, hackt man am günstigsten bei abnehmendem Mond in einem Erdzeichen. Aber Vorsicht bei Wurzelpflanzen – sie sind dann nämlich besonders empfindlich gegen Verletzungen!

▶ Zur Unkrautbekämpfung sollte an einem Steinbocktag gejätet werden. Das Unkraut wächst dann kaum wieder nach. Sehr günstig wäre dafür noch der abnehmende Mond, nahe bei Neumond. Ungünstig ist ein Löwetag, weil dann die Keimfähigkeit des Unkrauts stark erhöht ist.

☾ Tipp 36
Wem es gelingt, die aufkommenden Unkräuter vor der Blüte zu entfernen, kann seinen Geüsegarten ohne große Mühe unkrautfrei halten.

Das Hacken zur Bodenlockerung und Verbesserung der Stickstoffbindung gelingt am besten an einem Erdtag bei abnehmendem Mond. Aber Vorsicht, damit die jetzt besonders sensiblen Wurzeln nicht verletzt werden!

Schädlingsbekämpfung

Was für die Unkrautbekämpfung gesagt wurde, gilt auch für die Bekämpfung vieler Kleintiere, die sehr oft als Ungeziefer bezeichnet werden: Meist wird zu rigoros und zu rabiat vorgegangen.

Ganz abgesehen davon, dass manche der scheinbaren Plagegeister durchaus auch nützlich sein können, trägt die massenhafte Ausrottung einer Spezies meist dazu bei, dass sich dafür nun andere Arten massenhaft vermehren, weil ihre Konkurrenten oder natürlichen Feinde verschwunden sind. Über die Umweltbeeinträchtigung, sollte man für die Vernichtung Pestizide einsetzen, muss man sich überdies im Klaren sein.

Vorbeugung ist hier die beste Bekämpfungsmethode. Wer zu den richtigen Mondterminen gesät oder gepflanzt, gegossen und gedüngt hat, wer dabei auf die Fruchtfolge und auf die Pflanzengemeinschaften geachtet hat, braucht sich vor Schädlingen eigentlich nicht zu fürchten.

Die beste und im Grunde einfachste Schädlingsbekämpfung besteht darin, den natürlichen Feinden der Schädlinge in Ihrem Garten Quartiere zu geben: Richten Sie Nistplätze für Vögel ein, legen Sie einen kleinen Teich für Frösche und Kröten an, oder schichten Sie einen Reisighaufen auf, in dem eine Igelfamilie Unterschlupf findet.

Tritt eine Tages der Fall ein, dass die Schädlinge in Massen Ihren Garten bevölkern – beispielsweise bedingt durch extreme Witterungsverhältnisse oder durch die Ungeschicklichkeit des Nachbarn –, können Sie bei sparsamer Anwendung auch einmal zur chemischen Keule greifen.

Tipp 37 ❱
Wer gegen Schnecken im Garten vorgehen will, sollte bei abnehmendem Mond Eierschalen zerkleinern und die scharfkantigen Splitter auf den besonders betroffenen Beeten ausstreuen.

Tipp 38 ❱
Ein unverdünnter Tee aus Farnkräutern schützt Gartenpflanzen gegen Blatt- und Schildläuse. Man spritzt immer bei abnehmendem Mond.

Ober- und unterirdische Schädlinge

Ungeziefer sollte man am besten bei abnehmendem Mond bekämpfen. Schädlinge, die über der Erde wirken, werden an Krebs-, Zwillinge- und Schützetagen vernichtet. Für Wurzel- und Erdschädlinge ist ein Erdtag (Stier, Jungfrau, Steinbock) besser geeignet.

Ernten, einlagern und konservieren

☾ Tipp 39
Wenn Sie Obst oder Gemüse lagern, einkochen, einfrieren oder auf anderem Wege konservieren wollen, sollte bei abnehmendem Mond geerntet und bei aufsteigendem Mond eingelagert werden. Vermeiden Sie aber beim Ernten Krebs- sowie Jungfrau- und beim Einlagern Fischetage.

Langsam neigt sich das Gartenjahr seinem Ende zu. Die Zeit der Ernte, des Einlagerns und des Haltbarmachens bricht nun an. Auch bei diesen Tätigkeiten kann Ihnen der Mond helfen, wenn Sie die folgenden Ratschläge beachten.

Für alle Ernte-, Einlagerungs- und Konservierungsarbeiten ist die Zeit des aufsteigenden Mondes (Schütze, Steinbock, Wassermann, Fische, Widder, Stier) günstig, am besten ist ein Widdertag. Das Erntegut ist dann besonders saftig, schmackhaft und haltbar.

Fischetage, obwohl auch bei aufsteigendem Mond, sollten allerdings gemieden werden, da es, falls diese Arbeiten an ihnen verrichtet werden, leicht zu Fäulnis kommen kann.

Obst und Gemüse, das bei zunehmendem Mond geerntet wird, sollte möglichst bald verbraucht werden, wenn nicht gerade ein Tag bei aufsteigendem Mond gegeben ist.

Gänzlich ungeeignet für die Ernte sind Krebs- und Jungfrautage.

Alles, was durch Trocknung konserviert werden soll, wird vorzugsweise bei abnehmendem Mond geerntet.

Vor der alljährlichen Einlagerung ist es wichtig, dass die Kellerregale und Obsthorden gründlich gereinigt werden. Lufttage (Zwillinge, Waage, Wassermann) bei abnehmendem Mond sind für diesen Zweck am besten geeignet.

☾ Tipp 40
Obst, das bei zunehmendem Mond geerntet wird, ist besonders saftig und aromatisch. Es muss aber bald verzehrt werden, weil es sich nicht lange hält.

Sonstige Arbeiten im Garten

Es gibt eine Reihe von Reparatur- und Baumaßnahmen in Hof und Garten, die man erfolgreicher erledigen kann, wenn man die entsprechenden Mondregeln berücksichtigt. Im Folgenden geben wir Ihnen eine Auswahl.

Garten- oder Feldwege legt man am günstigsten an Steinbocktagen bei Neumond oder abnehmendem Mond an. Dann liegen auch die Platten fest und sicher.

Zäune und Pfosten soll man ebenfalls bei abnehmendem Mond oder Neumond setzen bzw. erneuern. An einem Jungfrautag gesetzt, sind sie besonders fest und dauerhaft, weil beispielsweise die Nägel besser im Holz bleiben.

Arbeiten am Gartenteich oder an Wasserläufen – etwa eine Erweiterung, die Befestigung des Ufers oder Kanalisierungsmaßnahmen – erledigt man am besten bei zunehmendem Mond an einem Wassertag (Krebs, Skorpion, Fische).

Das Gleiche gilt für die Reparatur von Brunnenleitungen, aber auch für Bauarbeiten im Garten, die z. B. einen Erdaushub mit sofortiger Drainage nötig machen. Denn an solchen Tagen wird die gegebene Wassersituation schneller erkennbar, so dass die geeigneten Verbesserungs- bzw. Ableitungsmaßnahmen erfolgreich eingeleitet werden können.

Wenn Sie einen Heustapel aufsetzen wollen, wählen Sie einen Termin bei abnehmendem Mond. Die Lufttage (Zwillinge, Waage, Wassermann) sind dafür am günstigsten. Der Stapel bleibt dann trockener und ist vor Selbstentzündung weitgehend geschützt.

Tipp 41 ☽
Alles, was in den Boden gebracht werden und dort fest halten soll, wird bei abnehmendem Mond, am besten an einem Erdtag, in Angriff genommen.

Bei zunehmendem Mond, vorzugsweise an einem Wassertag, gelingen Arbeiten am Gartenteich oder an anderen Wasseranlagen am besten.

Spezielle Mondregeln für die wichtigsten Kulturpflanzen

Neben den Mondeinflüssen müssen natürlich auch die Wirkungen von Witterung und Bodenbeschaffenheit berücksichtigt werden, wenn das Gärtnern Erfolg haben soll.

Bei den angeführten Ratschlägen handelt es sich um vielfach erprobte Empfehlungen. Ihre Befolgung führt jedoch keinesfalls automatisch zum Erfolg. Deshalb sollten alle Gartenfreunde diesen Grundsatz immer beherzigen:

Die Mondkräfte können Sie in Ihrem Bestreben unterstützen, für gesundes Wachstum der Gartenpflanzen, reiche Ernten und üppigen Blütenflor in Ihrem Garten zu sorgen. Damit sie aber ihre Wirkung voll entfalten können, müssen einige Bedingungen erfüllt sein, für die jeder Gärtner selbst verantwortlich ist. Wichtig ist:

▶ Die konkreten Wetterbedingungen zu beachten

☾ **Tipp 42**

Der Einfluss des Mondes kann die natürlichen Voraussetzungen – Bodenfruchtbarkeit, Bodenstruktur, klimatische Bedingungen – nicht grundsätzlich verändern. Er kann uns aber dabei helfen, diese Bedingungen optimal zu nutzen.

▶ Die gegebenen Bodenverhältnisse zu berücksichtigen und zu verbessern

▶ Darauf zu achten, dass ausreichend, aber auf keinen Fall zu viel gegossen und gedüngt wird

▶ Die richtige Fruchtfolge einzuhalten und günstige Pflanzengemeinschaften zusammenzustellen.

Erst dann, wenn zwischen Boden und Pflanzen, zwischen Nährstoffen und Feuchtigkeit, zwischen Licht und Temperatur ein weitgehendes, biologisches Gleichgewicht erreicht ist, werden die helfenden Einflüsse des Mondes und der von ihm durchwanderten Tierkreiszeichen zum Tragen kommen.

Der Gemüsegarten

Artischocke

Bewertung: Dieses mehrjährige Staudengemüse ist sehr reich an Vitamin C. Im Organismus wirkt es entwässernd, und deshalb eignet es sich sehr gut für eine Kost zur Gewichtsverminderung.

Saat/Pflanzung: Aussaat ins Frühbeet oder in Pflanzschalen am Zimmerfenster im März/April bei zunehmendem Mond (am besten kurz vor Vollmond) und/oder an Zwillinge- bzw. Waagetagen.
Auspflanzen ins Freiland ab Mitte Mai (nach den Eisheiligen) bei absteigendem Mond – sehr günstig sind die Waagetage.

Pflege: Artischocken benötigen nährstoffreichen, humosen Boden. Vor dem Auspflanzen bei abnehmendem Mond organisches Material in den Boden einarbeiten.
Im November, vor Winterbeginn, bei abnehmendem Mond Pflanzen mit Stroh, verrottetem Stallmist oder Kiefernzweigen abdecken.

Ernte: Beginnend im zweiten Jahr von Juni bis Oktober bei zunehmendem Mond (am besten kurz vor Vollmond) und/oder an Lufttagen (Zwillinge, Waage, Wassermann).

Besonderheiten: Es ist ratsam, mit der Ernte zu beginnen, bevor die Pflanze zu blühen beginnt. Nach drei Jahren sollten die Stauden an einen anderen Standort verpflanzt werden.

Tipp 43 ☽
Als Winterschutz für die Artischocke eignet sich auch ein Blumentopf, der über die zurückgeschnittene Staude gestülpt und anschließend mit Erde bedeckt wird.

Aubergine

Bewertung: Das Fruchtgemüse trägt zur Entgiftung von Leber und Nieren bei und sorgt für reine Haut. Außerdem soll es die Wundheilung fördern

Saat/Pflanzung: Aussaat in Pflanzschalen am Zimmerfenster ab Mitte März; ins Frühbeet oder in ein Gewächshaus ab April bei zunehmendem Mond an Widder- bzw. Löwetagen.
Auspflanzen ins Freiland ab Mitte Mai bei zunehmendem Mond (am besten bald nach Neumond) und/oder an einem Löwetag.

Tipp 44 ☽
Die Aubergine stellt hohe Wärmeansprüche, deshalb ist der Anbau unter Folie besonders zu empfehlen. Für den Freilandanbau ist Schwarzfolie am besten geeignet.

Günstige/ungünstige Nachbarn: Günstige Nachbarn sind Bohnen, Kopfsalat, Petersilie und Spinat

Pflege: Bis zur Fruchtbildung öfter bei abnehmendem Mond düngen (am günstigsten mit Brennnesseljauche, siehe Seite 26f.).

Ernte: Ab Mitte August bei abnehmendem bzw. absteigendem Mond und/oder an Löwe-, Schütze-, Waage-, Wassermanntagen.

Lagerung/Konservierung: Auberginen schmecken unmittelbar nach der Ernte am besten. Man kann sie aber auch in Essig oder Öl einlegen. Das geschieht am erfolgreichsten an einem Tag bei aufsteigendem Mond (in Schütze, Steinbock, Wassermann, Fische, Widder, Stier bzw. Zwillinge); Fischetage sind aber nicht so gut geeignet.

Besonderheiten: Auberginen, usprünglich in Indien beheimatet, benötigen in unseren Breiten einen windgeschützten, sehr sonnigen Standort, wenn sie gut gedeihen sollen.

> **☽ Tipp 45**
> Nehmen Sie sie Düngung mit Brennnesseljauche bei abnehmendem Mond möglichst am Nachmittag vor, weil dann die Erde besonders aufnahmefähig ist.

Blumenkohl (Karfiol)

Bewertung: Das Blattgemüse ist reich an Vitamin C und B5 sowie an Kalium. Es stärkt die Immunabwehr, wirkt Wasser ausschwemmend, hilft vorbeugend gegen Gelenkschmerzen und kann Nervosität sowie Lernschwäche vermindern.

Saat/Pflanzung: Aussaat ins Freiland von Ende April bis Ende Mai bei zunehmendem Mond (am besten kurz vor Vollmond) und/oder an Krebstagen. Möglich sind auch Waage- oder Löwetage; dann besteht allerdings die Gefahr, dass die Pflanzen schießen und die Kopfbildung kleiner ausfällt.

Auspflanzen ins Freiland von Mai bis Mitte Juli an Tagen bei zunehmendem oder bei absteigendem Mond, allerdings nicht an einem Jungfrautag.

Günstige/ungünstige Nachbarn: Günstige Nachbarn sind Dill, Erdbeeren, Fenchel, Kohlrabi, Lauch, Mangold, Radieschen, rote Rüben, Salbei, Spinat und Tomaten.

Ungünstige Nachbarn für Blumenkohl sind Knoblauch, Schnittlauch und Zwiebeln.

Pflege: Blumenkohl benötigt einen gut gelockerten, nährstoffreichen Boden. Die Bodenvorbereitung erfolgt am besten bei zunehmendem Mond.

Regelmäßig gießen (auch bei zunehmendem Mond); bis zur Kopfbildung bei abnehmendem Mond (vorzugsweise an Wassertagen – Krebs, Skorpion) düngen (am günstigsten mit Brennnesseljauche oder Beinwelljauche, siehe Seite 26f.).

Ernte: Etwa acht Wochen nach dem Pflanzen, von Ende Juli bis Mitte Oktober, ist die geeignetste Zeit. Für den Sofortverzehr erntet man bei zunehmendem und aufsteigendem Mond (am besten an Schütze- oder Fischetagen).

Lagerung/Konservierung: Blumenkohl, den man lagern oder konservieren möchte, sollte in der Zeit des aufsteigenden Mondes (beispielsweise im Widder oder Wassermann) geerntet werden; allerdings nicht an Fischetagen.

Besonderheiten: Wenn die Blumenkohlköpfe etwa faustgroß geworden sind, sollte man die äußeren Blätter der Pflanze nach innen einknicken, damit die Köpfe vor allzu intensiver Sonnenstrahlung geschützt werden.

Tipp 46)

Viele Pflanzen mögen kein Leitungswasser, weil es zu kalkhaltig ist. Wenn kein Regenwasser zum Gießen zur Verfügung steht, sollte Leitungswasser wenigstens für einige Tage stehen gelassen werden, bevor es angewendet wird. Alle Vorratsbehälter für Gießwasser sollten so aufgestellt werden, dass sie vom Mondlicht beschienen werden, damit das Wasser die Mondenergie aufnehmen kann.

Auberginen werden in sonnigen, windgeschützten Lagen angebaut. Aussaat und Ernte des Fruchtgemüses erfolgen bevorzugt an Löwe- oder Widdertagen.

Bohnen

Bewertung: Bohnen sättigen sehr gut. Sie enthalten Folsäure, B-Vitamine sowie reichlich die Spurenelemente Eisen, Kupfer und Selen. Sie fördern die Blutbildung und unterstützen die Herzfunktion.

Wer zu Blähungen neigt, sollte bei zunehmendem Mond allerdings besser auf Hülsenfrüchte verzichten.

☾ Tipp 47

Um den Boden zwischen den Bohnenreihen zu nutzen, können dort Kopfsalat, Kohlrabi, Spinat oder Sellerie als Zwischenfrüchte angebaut werden.

Saat/Pflanzung: Buschbohnen legt man gewöhnlich in Reihen oder Nestern von Mitte Mai bis Ende Juli bei zunehmendem Mond am günstigsten an einem Fruchttag (beispielsweise Widder, Schütze) oder an einem Zwillingetag.

Stangenbohnen werden von Mitte Mai bis Ende Juli bei zunehmendem Mond an einem Fruchttag oder an einem Waagetag (bei zunehmendem Mond) gelegt – pro Stange sechs bis acht Bohnen. Die Stangen zuvor bei abnehmendem Mond stecken.

Günstige/ungünstige Nachbarn: Günstige Nachbarn sind Bohnenkraut, Erdbeeren, Kartoffeln, Kohlrabi, Rote Bete, Salat, Sellerie, Spinat, Tomaten und Zwiebeln.

Ungünstige Nachbarn sind Erbsen, Fenchel, Knoblauch und Lauch.

☾ Tipp 48

Die Holzstangen für die Stangenbohnen sollten vor dem Einschlagen unbedingt desinfiziert werden; sie könnten Pilze oder andere Krankheitserreger in den Garten einschleppen.

Pflege: Gießen an Fruchttagen (Widder, Löwe, Schütze); düngen, bei abnehmendem Mond an Wurzeltagen (Stier, Jungfrau, Steinbock); lockern und häufeln bei zunehmendem Mond an Fruchttagen.

Ernte: Von etwa acht bis zehn Wochen nach der Aussaat, also von Ende Juli, bis Mitte Oktober bei zunehmendem Mond in einem Feuerzeichen (Widder, Löwe, Schütze).

Lagerung/Konservierung: Bohnen, die konserviert werden sollen, erntet man am besten bei abnehmendem Mond an einem Widder- oder Zwillingetag. Für das Einkochen bzw. Einlegen wählt man einen Tag bei aufsteigendem Mond, allerdings keinen Fischetag.

Besonderheiten: Die Bohnen sollten nicht tiefer als drei Zentimeter in den Boden gelegt werden. Man kann die Keimung beschleunigen, wenn die Saatbeete anfangs mit Folie abgedeckt werden.

Bohnenpflanzen können auch in Töpfen vorgezogen und nach den Eisheiligen bei absteigendem Mond ausgepflanzt werden.

Brokkoli

Bewertung: Das Blütengemüse enthält reichlich Vitamin A, B, C und K sowie die wertvollen Bioflavonoide. Es wirkt vorbeugend gegen Störungen des Fettstoffwechsels, zu hohe Cholesterinwerte und Bluthochdruck. Außerdem enthält Brokkoli noch das Antistressmineral Magnesium

Saat/Pflanzung: Aussaat ins Saatbeet ab Mitte April bei zunehmendem Mond, am besten nahe bei Vollmond und an einem Lufttag (besonders Zwillinge, Waage). Ausgepflanzt wird ab Ende Mai; am günstigsten ist ein Waagetag.

Günstige/ungünstige Nachbarn: Günstige Nachbarn sind vor allem Sellerie, aber auch Bohnen, Dill, Gurken, Lauch, Mangold, Salat, Spinat und Tomaten.

Nicht so günstig als Nachbarn für Brokkoli sind Knoblauch, Schnittlauch und Zwiebeln.

Pflege: Gießen sollte man vorzugsweise an Wassertagen (Krebs, Skorpion, Fische).

Eine Gründüngung ist bei abnehmendem Mond in einem Feuerzeichen (Widder, Löwe, Schütze) günstig.

Ernte: Von Mitte Juli bis in den Oktober hinein werden die »Blumen« bei zunehmendem bzw. bei aufsteigendem Mond (Schütze bis Stier bzw. Zwillinge) geschnitten.

Lagerung/Konservierung: Einfrieren bei aufsteigendem Mond, am besten an einem Widdertag.

Besonderheiten: Sie sollten beim Ernten die Blütenköpfe nicht zu tief abschneiden, dann bilden sich aus den Blattachseln immer wieder neue Blüten, die später geschnitten werden können.

Tipp 49 🌙
Wässern sollte man immer nur morgens und abends, möglichst auf gelockerten Boden und mit nicht zu scharfem Wasserstrahl. Die Pflanzen sollen dabei nach Möglichkeit nicht benetzt werden.

Chicorée

Bewertung: Diese widerstandsfähige zweijährige Pflanze liefert im Winter reichlich Vitamin C, durch das die Abwehrkräfte des Körpers gestärkt werden.

☾ **Tipp 50**

Vor der Ernte im November kann man die Chicoréewurzeln schon Ende Oktober mit der Grabegabel vorsichtig lockern und etwas herausziehen. Das Kraut trocknet dann ab, und wertvolle Biostoffe fließen in die Wurzel, die später zum Treiben eingesetzt wird.

Saat/Pflanzung: Der ideale Zeitpunkt zur Aussaat ist Anfang Mai bei abnehmendem Mond, am besten kurz nach Vollmond und an einem Skorpion- oder Fischetag.

Günstige/ungünstige Nachbarn: Günstige Nachbarn sind Bohnen, Gurken und Spinat.

Wenig günstige Nachbarn sind Knoblauch und Zwiebeln.

Pflege: Chicorée braucht mittelleichten Boden, der nicht frisch gedüngt sein darf. Zu nährstoffreicher Boden kann zu gespaltenen Wurzeln und zu einer unbefriedigenden Kopfbildung führen.

Ernte: Im Oktober/November, wenn das Sommerlaub verwelkt ist, werden die rübenähnlichen Wurzeln bei abnehmendem Mond – vorzugsweise in einem Luftzeichen – ausgegraben.

Nach dem Entfernen der Blattreste, Wurzelenden und Seitenfasern werden sie zunächst in Sand eingeschlagen und frostfrei gelagert.

Zum Austreiben (Bleichen) die Wurzeln bei abnehmendem Mond, bevorzugt an einem Wassertag, in Töpfe pflanzen und in völliger Dunkelheit treiben lassen. Nach ca. vier Wochen kann man – vorzugsweise bei zunehmendem Mond in einem Wasserzeichen – die schmackhaften weißen Blattköpfe ernten.

Besonderheiten: Es empfiehlt sich, die Treibgefäße mit schwarzer Folie abzudecken, damit die Blattspitzen nicht bitter werden.

Chinakohl

Bewertung: Dieses vielseitig zu verwendende Herbst- und Wintergemüse ist äußerst kalorienarm, enthält dafür aber umso mehr wertvolle Ballaststoffe und gesundes Vitamin C.

Saat/Pflanzung: Von Mitte Juli bis Mitte August bei abnehmendem Mond an Krebs- oder Fischetagen. Ideal wäre eine Woche nach Vollmond.

Günstige/ungünstige Nachbarn: Günstige Nachbarn sind Lauch, Spinat und Tomaten.

Pflege: Achten Sie auf eine konstante Bodenfeuchtigkeit! Gießen Sie in den Zeichen Krebs, Skorpion und Fische.

☾ **Tipp 51**

Manche Gärtner wenden einen Trick an, um dem Unkraut auf wirksame Weise beizukommen: Sie hacken im zeitigen Frühjahr vor der Aussaat die Beete an einem Löwetag. Das danach besonders rasch und massenhaft keimende Unkraut wird bald darauf in den Boden eingearbeitet und dient so der Bodenverbesserung.

Ernte: Von Oktober bis ins Frühjahr bei zunehmendem Mond an Zwillinge- oder Fischetagen.
Lagerung/Konservierung: Chinakohl sollte immer frisch gegessen werden.

Besonderheiten: Chinakohl braucht lange, um anzuwachsen.

Tipp 52 ☽
Eine alte Regel besagt, dass der Chinakohl ausgesät werden soll, wenn die roten Johannisbeeren reif sind.

Erbsen

Bewertung: Erbsen enthalten vor allem B-Vitamine, Magnesium, Kalium und Zink. Sie gelten als ausgesprochene »Nervennahrung« und beugen hohem Blutdruck vor.
Saat/Pflanzung: Ab Mitte März bei zunehmendem Mond, bei absteigendem Mond oder an Feuertagen.
Günstige/ungünstige Nachbarn: Günstige Nachbarn sind Gurken, Möhren, Radieschen, Rettich, Spinat und Zucchini.
Nicht günstig ist die Nachbarschaft von Bohnen und Tomaten.
Pflege: Erbsen gedeihen am besten auf einem gut durchlässigen, fruchtbaren Boden. Pflegen Sie Erbsen an Tagen in einem Feuerzeichen, dann sind Ihre Erträge am höchsten.
Ernte: Von Juni bis September an Tagen in einem Feuerzeichen (Widder, Löwe, Schütze). Am schmackhaftesten sind sie, wenn der Erntetermin kurz vor Vollmond liegt.
Lagerung/Konservierung: Markerbsen werden im trockenen Zustand geerntet. Will man frische Erbsen einfrieren, sollten sie bei abnehmendem Mond an einem Widdertag geerntet werden.

Besonderheiten: Nur wirklich nährstoffarme Böden sollten für Erbsen mit stickstoffreichem Volldünger angereichert werden.

Tipp 53 ☽
Wintererbsen werden ab Mitte Oktober gesät. Die Samen keimen noch im Herbst, und die Pflanzen sind recht frostbeständig. Gegenüber der Frühjahrsaussaat kann so die Ernte etwa zwei Wochen früher erfolgen.

Fenchel

Bewertung: Fenchel ist kalorienarm und zugleich reich an Mineralstoffen sowie Spurenelementen und besitzt damit eine nahezu ideale Zusammensetzung. Aufgrund seines hohen Vitamin-C-Gehalts kann man sich im Winter gut vor Erkältungen schützen, wenn man öfter Fenchel auf den Tisch bringt.

☾ Tipp 54

Wenn die Blattbasen des Fenchels zu schwellen beginnen, sollte man anfangen, die Pflanzen zum Bleichen bei abnehmendem Mond leicht anzuhäufeln. Geerntet wird, wenn die Knollen etwa die Größe von Tennisbällen haben.

Saat/Pflanzung: Fenchel kann von Mitte April bis Mitte Juli ausgesät werden, am besten an Krebs- oder Skorpiontagen sowie bei aufsteigendem Mond.

Günstige/ungünstige Nachbarn: Günstige Nachbarn sind Erbsen, Gurken und Salat.

Als ungünstige Nachbarn gelten Bohnen und Tomaten.

Pflege: Fenchel braucht viel Feuchtigkeit. Er zieht leider Schnecken an, so dass rechtzeitig Gegenmaßnahmen ergriffen werden sollten!

Wird es nachts kälter als –3 °C, sollten die Knollen an Jungfrau- oder Waagetagen zum Schutz mit Laub abgedeckt werden.

Ernte: Ende Oktober bis Anfang November bei abnehmendem bzw. aufsteigendem Mond.

Lagerung/Konservierung: Fenchelgemüse sollte immer frisch verzehrt werden.

Besonderheiten: Dieses leicht verdauliche Gemüse ist in Italien sehr beliebt und galt früher als Heilpflanze. Es stammt aus dem Mittelmeerraum und bevorzugt daher einen sonnigen, warmen Standort.

Fenchel braucht viel Feuchtigkeit. Man gießt an Blatttagen reichlich. Bei abnehmendem Mond ist die Wasseraufnahmefähigkeit des Bodens besonders hoch.

Gurken

Bewertung: Gurken sind verhältnismäßig arm an Nährstoffen. Sie werden vor allem wegen ihres Geschmacks und ihrer vielseitigen Verwendbarkeit geschätzt.

Saat/Pflanzung: Aussat ins Freiland nach den Eisheiligen bei zunehmendem Mond in einem Feuerzeichen (Widder, Löwe, Schütze) oder bei aufsteigendem Mond. Die besten Voraussetzungen für ein schnelles Wachstum sind gegeben, wenn der Mond im Krebs steht. Dann sind die Gurken allerdings nicht besonders haltbar.

Günstige/ungünstige Nachbarn: Gute Nachbarn sind Erbsen, Fenchel, Kohlrabi, Sonnenblumen, Spinat und Zwiebeln.

Ungünstig sind Kartoffeln, Radieschen, Salbei und Tomaten.

Pflege: Da Gurken viel Wärme und Feuchtigkeit brauchen, sollten sie, unabhängig vom Mondstand, auch mehrmals am Tag mit sonnengewärmtem Wasser gegossen werden.

Düngen Sie bei abnehmendem Mond in einem Feuerzeichen mit Brennnesseljauche (siehe Seite 26f.).

Gegen den häufig auftretenden Pilzbefall hilft das Besprühen mit einer Teezubereitung aus Schachtelhalmen (siehe Seite 26f.) bei abnehmendem Mond an einem Fruchttag (Widder, Löwe, Schütze).

Ernte: Gurken sind am schmackhaftesten, wenn sie bei zunehmendem Mond geerntet werden.

Lagerung/Konservierung: Wählen Sie zum Konservieren Widder-, Löwe- oder Schützetage bei abnehmendem Mond. Und nehmen Sie nur kleine Gurken, da diese sich wesentlich besser dazu eignen.

Besonderheiten: Gurken wachsen am besten an einem luftigen, aber windgeschützten Standort.

Tipp 55 ☽
Bei Freilandgurken bewährt sich eine Mulchschicht (siehe Seite 21), welche die Feuchtigkeit im Boden hält, das Unkraut unterdrückt und gleichzeitig die Früchte vor stauender Nässe schützt.

Kartoffeln

Bewertung: Kartoffeln gehören zu den gesündesten Nahrungsmitteln überhaupt, denn sie enthalten reichlich Vitamin B und C sowie die Mineralstoffe und Spurenelemente Kalium, Kalzium, Magnesium,

Eisen, Mangan, Schwefel und Phosphor. Sie liefern Energie und schützen vor Erschöpfungszuständen.

Saat/Pflanzung: Frühkartoffeln Ende März, später und spät gedeihende Sorten bis Ende April auspflanzen – und zwar kurz nach Vollmond sowie bei abnehmendem Mond. Und besonders günstig ist zu diesem Zweck die Steinbockzeit.

Sie sollten Kartoffeln niemals bei zunehmendem und aufsteigendem Mond pflanzen, sonst kommen sie trotz des Häufelns immer wieder an die Oberfläche!

Günstige/ungünstige Nachbarn: Günstige Nachbarn sind Buschbohnen, Kapuzinerkresse, Kohl, Kopfsalat und Spinat. Ganz besonders gute Nachbarinnen sind übrigens Ringelblumen und Tagetes, denn sie stellen einen natürlichen und sehr wirksamen Schutz gegen Fadenwürmer (Nematoden) dar.

Schlechte Nachbarn sind Erbsen, Gurken, Sellerie, Sonnenblumen, Tomaten und Zwiebeln.

Pflege: Kartoffeln stellen keine besonderen Ansprüche an den Boden, gedeihen aber am besten in tiefem, fruchtbarem und gut drainiertem Boden, der auch bei Trockenheit etwas Feuchtigkeit speichern kann.

Der Ernteerfolg wird erfahrungsgemäß dann am größten sein, wenn an einem Erdtag gepflanzt, gehackt und auch mit einem Kieselpräparat gespritzt wird.

Ab der Blütezeit an Erd- und Feuertagen kräftig gießen.

Ernte: Frühkartoffeln bei voller Blüte ernten; mittelfrühe und späte Sorten erst ausgraben, wenn das Kraut vollständig verwelkt ist. Dafür günstige Zeiten sind bei abnehmendem und bei absteigendem Mond in einem Erdzeichen. Steht der Mond dagegen in einem Wasserzeichen, faulen die Kartoffeln leicht!

Lagerung/Konservierung: Wenn man Kartoffeln bei aufsteigendem Mond einlagert, dann werden sie zwar nicht runzelig, aber sie faulen dafür schneller.

Besonderheiten: Sollten Kartoffelkäfer auftreten, so sammelt man sie bei Neumond ab. Anschließend werden die Pflanzen mit Steinmehl eingestäubt.

☽ Tipp 56

Nach der Blüte sollten Kartoffeln gut feucht gehalten werden. Man gießt oder wässert am besten morgens an Wurzel- oder Fruchttagen.

☽ Tipp 57

Beim Ernten der Kartoffeln sollten Sie darauf achten, dass keine Knollen in der Erde zurückbleiben, weil sonst im nächsten Jahr Schädlinge oder Krankheitserreger auftreten können.

Kohlrabi

Bewertung: Kohlrabi enthält reichlich Vitamin C, das die Immunabwehr unterstützt, Magnesium und Selen – beides wichtig für Stressgeplagte. Dazu kommen B-Vitamine, Kalzium, Kalium und Eisen.

Saat/Pflanzung: Um möglichst lange etwas von diesem gesunden Gemüse zu haben, kann man Kohlrabi in monatlichen Intervallen von April bis September säen – und zwar bis Juni die grüne Sorte, danach die violette. Die höchsten Erträge sind zu erwarten, wenn man zu Beginn des zunehmenden Mondes und im Krebs oder Skorpion sät. Mitte Mai bis Juli erfolgt das Umpflanzen.

Günstige/ungünstige Nachbarn: Günstige Nachbarn sind Buschbohnen, Erbsen, Gurken, Kartoffeln, Radieschen, Salat, Stangenbohnen und Tomaten. Ungünstig ist Knoblauch!

Pflege: Düngen mit Brennnesseljauche bei abnehmendem Mond in einem Wasser- oder Feuerzeichen (nicht im Löwen).

Ernte: Besonders saftige Exemplare erntet man bei zunehmendem Mond im Krebs oder Skorpion. Die violetten Sorten sollte man bei abnehmendem Mond im Schützen ernten.

Lagerung/Konservierung: Die Lagerfähigkeit ist am besten, wenn bei abnehmendem Mond und in einem Luftzeichen (Zwillinge, Waage, Wassermann) geerntet wird.

Besonderheiten: Kohlrabi sollte man nicht an Erdtagen (Stier, Jungfrau, Steinbock) säen – sie werden sonst holzig und schmecken nicht.

Tipp 58 ❯
Kohlrabi kann man sehr gut als Folgekultur nach Erbsen oder Salat anbauen.

Knoblauch

Bewertung: Knoblauch gilt als Heilpflanze. Er ist magenfreundlich, kann zu hohen Blutdruck positiv beeinflussen und die Abwehr stärken, wirkt gallenbildend und gefäßreinigend. Außerdem sagt man ihm nach, die Liebe und die Nerven anzuregen.

Saat/Pflanzung: Die Zehen werden Ende Februar/Anfang März mit der Spitze nach oben in die Erde gesteckt. Als bester Zeitpunkt gilt ein Jungfrautag bei abnehmendem Mond.

Tipp 59 ❯
Wer ein paar Knoblauchzwiebeln in den Gartenboden steckt, braucht sich vor Wühlmäusen nicht zu fürchten.

Tipp 60
Zum Lagern wird der Knoblauch zu Zöpfen geflochten und in einem luftigen, frostfreien Raum an Haken aufgehängt.

Günstige/ungünstige Nachbarn: Günstige Nachbarn sind Erdbeeren, Gurken, Karotten, Mangold, Rosen und Tomaten.
Ungünstig sind dagegen Bohnen, Erbsen Kohl und Kohlrabi.

Pflege: Knoblauch braucht guten, feuchten und durchlässigen Boden sowie sehr viel Sonne, denn er kann nur bei relativ hohen Temperaturen gedeihen.

Ernte: Im Spätsommer werden die reifen Knoblauchzehen vorsichtig aus der Erde geholt und danach noch ein paar Tage, am besten um Vollmond, zum Trocknen liegen gelassen.

Lagerung/Konservierung: Bei abnehmendem Mond und/oder in einem Luftzeichen zu Zöpfen geflochten, an einem luftigen Ort aufhängen.

Besonderheiten: Knoblauch schützt viele Nachbarpflanzen, beispielsweise Beerensträucher, Erdbeeren, Gurken, Karotten, Salat, Schwarzwurzel und Tomaten vor Pilzbefall!

Kohl (Kopfkohl, Kraut)

Tipp 61
Junge Kohlpflanzen wachsen besser an, wenn sie am Tag vor dem Einpflanzen noch einmal kräftig gewässert werden. Der günstigste Pflanztermin ist an einem Skorpiontag; aber auch die anderen Wasserzeichen sind gut geeignet.

Bewertung: Insbesondere der Weißkohl (Weißkraut) enthält viele gesundheitsfördernde Biostoffe, die u. a. auch zur Krebsprophylaxe dienen.

Saat/Pflanzung: Ab April kann ausgesät werden. Die Setzlinge können ab Mai gepflanzt werden. Noch heute hält man sich dabei an die alte Regel, den Kohl in den ersten sieben Tagen des abnehmenden Mondes zu säen und zu pflanzen, da sonst der volle Mond »die Samen aus der Erde zieht«.

Günstige/ungünstige Nachbarn: Günstige Nachbarn sind Gurken, Mangold, Porree, Salat, Sellerie, Spinat und Tomaten.
Ungünstig sind dagegen Knoblauch, Schnittlauch und Zwiebeln.

Pflege: Kohl braucht einen nährstoffreichen, gut durchgelockerten Boden. Bei abnehmendem Mond düngen, in den Zeichen Krebs, Skorpion oder Fische hacken.

Ernte: Wenn der Kohl nicht gleich verwendet werden soll, ist der optimale Zeitpunkt bei abnehmendem Mond in einem Luftzeichen.

Lagerung/Konservierung: Kohlköpfe, die länger gelagert werden sollen, das letzte Mal in einem Luftzeichen düngen.

Besonderheiten: Kohl für die Bereitung von Sauerkraut sollte bei zunehmendem Mond in einem Luftzeichen geerntet werden.

Kresse

Bewertung: Kresse ist anspruchslos und sehr gesund. Sie besticht durch einen hohen Vitamingehalt, vor allem die Vitamine A, C, D und E, sowie wertvolles Eisen, Jod und Schwefel.
Saat/Pflanzung: Vorzugsweise bei zunehmendem Mond und in den Zeichen Krebs, Fische, Waage.
Günstige/ungünstige Nachbarn: Gute Freunde sind Kartoffeln und Radieschen.
Pflege: Kresse sollte immer gut feucht gehalten werden. Bei abnehmendem Mond an Wassertagen (Krebs, Skorpion, Fische) nimmt die Erde besonders viel Feuchtigkeit auf.
Ernte: Da ihr Geschmack bei zunehmendem Mond am besten ist, sollte man sie auch zu dieser Zeit ernten.
Lagerung/Konservierung: Kresse sollte unmittelbar nach der Ernte verzehrt werden.

Besonderheiten: Kresse fällt beim Waschen nicht zusammen, wenn man sie nur kalt abspült. Damit sie aber auch noch knackig bleibt, sollte sie in der Salatschleuder oder vorsichtig mit einem Tuch getrocknet werden.

Tipp 62 ☽
Wer das ganze Jahr über frische Kresse haben will, kann das gesunde Grünzeug leicht in Töpfen oder Schalen am Küchenfenster ziehen. Wichtig ist, das Substrat immer gut feucht zu halten.

Kürbis

Bewertung: Kürbis zeichnet sich durch einen hohen Vitamin-A-Gehalt aus, er regt die Verdauung an und wirkt hautstraffend.
Saat/Pflanzung: Aussaat bei zunehmendem Mond nach dem Neumond im April oder drei Tage vor Vollmond. Die günstigsten Tierkreiszeichen dafür sind Widder und Löwe.

Günstige/ungünstige Nachbarn: Gute Nachbarn sind Stangenbohnen und Zwiebeln.

Tipp 63

Um große und zugleich schmackhafte Kürbisfrüchte zu erhalten, sollten an jeder Pflanze nur zwei Fruchtkörper reifen. Alle anderen Triebe kann man bei abnehmendem Mond (nahe Neumond) bedenkenlos entfernen.

Pflege: Damit die Früchte ihren vollen Geschmack entwickeln können, sollte die Pflanze, möglichst bei abnehmendem Mond, so beschnitten werden, dass letztlich nicht mehr als zwei, drei Früchte daran wachsen.

Ernte: Im September bei zunehmendem Mond, falls die Kürbisse gleich verarbeitet werden sollen – und zwar im Schützen, wenn der Geschmack am besten ist.

Lagerung/Konservierung: Gleich nach der Ernte bei zunehmendem Mond im Schützen verarbeiten.

Besonderheiten: Kürbisse wachsen vorzugsweise an warmen und sonnigen Plätzen. Auf den Komposthaufen gesät, brauchen sie nicht einmal einen Dünger.

Mangold

Bewertung: Das in Mangold reichlich vorkommende Beta-Karotin, eine Vorstufe des Vitamin A, schützt den Körper vor der Wirkung freier Radikale.

Tipp 64

Das üppige Nachwachsen frischer Mangoldblätter wird gefördert, wenn man bei der Ernte stets die größten Blätter so dicht wie möglich über dem Boden abpflückt. Bei Aussat im April kann die Ernte ab Juni beginnen; bei Julianbau ab Mitte Oktober bis nach dem ersten Frost.

Saat/Pflanzung: Im April oder Juli bei zunehmendem Mond im Krebs säen. Später vereinzeln.

Günstige/ungünstige Nachbarn: Die besten Nachbarn sind Karotten, Kohl, Radieschen und Rettich.

Pflege: Mangold braucht regelmäßig Wasser und sollte am besten an Wassertagen (Krebs, Skorpion, Fische) gegossen werden.

Ernte: Ab Juni die jeweils äußeren Blätter ernten, möglichst bei zunehmendem Mond in einem Wasserzeichen oder aber bei aufsteigendem Mond.

Lagerung/Konservierung: Mangold sollte frisch verzehrt werden.

Besonderheiten: Vor Mehltau kann man die Pflanzen durch rechtzeitiges Vereinzeln (Ausdünnen) bei abnehmendem Mond in einem Wasserzeichen schützen.

Meerrettichwurzeln können bei abnehmendem Mond an einem Luft- oder Feuertag eingelagert werden. Auf diese Weise sind sie für längere Zeit haltbar.

Meerrettich (Kren)

Bewertung: Meerrettich enthält reichlich Vitamin C, wirkt verdauungsfördernd, unterstützt den Gallenfluss und reinigt den Darm von Fäulnisbakterien. Außerdem trägt das scharfe Würzgemüse zur Blut- und Knochenbildung bei.

Saat/Pflanzung: Im Dezember bei abnehmendem Mond im Erdzeichen Jungfrau. Gesteckt werden die Nebenwurzeln, die von den geernteten Wurzeln abgeschnitten worden sind.

Günstige/ungünstige Nachbarn: Günstige Nachbarn sind Kartoffeln und Obstgehölze. Weniger günstig sind Zwiebeln.

Pflege: Meerrettichwurzeln sind mehrjährige Pflanzen, die humusreichen, feuchten Boden bevorzugen. Nährstoffe und Wasser am Besten bei abnehmendem Mond an einem Jungfrau- oder Steinbocktag verabreichen.

Ernte: Beginnend im Oktober des zweiten Jahres bei abnehmendem Mond in einem Erd- oder Luftzeichen ernten; niemals im Wasserzeichen Krebs.

Lagerung/Konservierung: Krenwurzeln können bei abnehmendem Mond in einem Luft- oder Feuerzeichen, keineswegs aber in einem

Tipp 65 ❭

Lagern Sie die Saatwurzeln für das nächste Jahr, in Sand oder Torf eingeschlagen, in einem kühlen, dunklen Raum. Die Saatwurzeln werden im September gesteckt – geerntet wird im nächsten Oktober bei abnehmendem Mond, aber nicht an einem Wassertag.

Wasserzeichen, im Keller für längere Zeit eingelagert werden. Vorher in feuchtem Sand oder Torf einschlagen.

Besonderheiten: Meerrettich schützt vor Kartoffelkäferbefall und vor der so genannten Kräuselkrankheit, die Pfirsichbäumen droht.

Möhren (Karotten)

🌙**Tipp 66**

Möhren dürfen auf keinen Fall im nächsten Jahr auf demselben Beet angebaut werden, weil die Puppen der Möhrenfliege im Boden überwintern und die neue Aussaat schwer schädigen können.

Bewertung: Das in Karotten reichlich enthaltene Beta-Karotin, eine Vorstufe des Vitamin A, macht aggressive Substanzen im Organismus, die so genannten freien Radikale, unschädlich.

Saat/Pflanzung: Ab März können die Samen dünn in ein bis einein-halb Zentimeter tiefe Rillen gesät werden. Die besten Ergebnisse werden bei abnehmendem Mond, in Stier, Jungfrau oder Steinbock, oder bei absteigendem Mond erreicht.

Günstige/ungünstige Nachbarn: Günstige Nachbarn für Möhren sind Erbsen, Dill, Knoblauch, Lauch, Mangold, Porree, Radieschen, Rettich, Schnittlauch, Tomaten und Zwiebeln.

Pflege: Die Jungpflanzen schon bald auslichten – idealerweise an Jungfrau- oder Waagetagen. Bei abnehmendem Mond den Boden um die Wurzeln gut lockern. Frische Düngung vermeiden! Sie würde Schädlinge anziehen und den Geschmack negativ beeinflussen.

Ernte: Im Sommer junge Möhrchen mit der Hand ziehen. Im Oktober Möhren mit der Gabel behutsam aus dem Boden heben. Die ideale Erntezeit ist dann, wenn der abnehmende Mond in einem Erdzeichen steht. Befindet er sich dagegen in einem Wasserzeichen, so faulen die geernteten Karotten leichter.

🌙**Tipp 67**

Junge Möhrenpflanzen sollte man erst nach Sonnenuntergang ausdünnen, weil sonst durch den Geruch zerdrückter Blätter und Wurzeln die Möhrenfliege angelockt wird. Die stehen gebliebenen Pflanzen gut wässern!

Lagerung/Konservierung: Lagermöhren, in Kästen mit trockenem Sand nebeneinander gelegt, an einem kühlen, frostfreien Ort bei abnehmendem Mond (am besten in einem Feuerzeichen) einlagern.

Besonderheiten: Möhren benötigen einen gut gelockerten, feuchten Boden und allgemein einen luftigen Standort. Das Wurzelgemüse sollte zwar jung, aber nicht zu früh gezogen werden, weil sonst Eiweiß- und Zuckergehalt zu gering sind.

Paprika

Bewertung: Der hohe Gehalt an Antioxidanzien macht freie Radikale unschädlich, verlangsamt so den Alterungsprozess und schützt vor Krebs. Außerdem enthält Paprika viel Vitamin C zur Vorbeugung gegen Erkältungen.

Saat/Pflanzung: Im März bei zunehmendem Mond auf der Fensterbank; ab Mitte Mai ins Freiland umsetzen. Günstig sind die Feuerzeichen Widder und Löwe.

Pflege: Paprika braucht so viel Licht und Wärme, dass man in Deutschland wahrscheinlich ein Gewächshaus benötigt oder die empfindlichen Pflanzen zumindest mit Folien gegen Regen und Kälte schützen muss.

Ernte: Das Gemüse kann bis zum Frostbeginn geerntet werden. Die besten Termine dafür sind bei zunehmendem Mond in einem Luft- oder Feuerzeichen.

Besonderheiten: Wenn ein Regen- oder Kälteschutz für die Paprikapflanzen errichtet werden soll, wählt man für diese Arbeit bevorzugt einen Erdtag (Stier, Jungfrau, Steinbock).

Tipp 68 ❯

Etwa ab Juni sollten die Paprikapflanzen mit Stäben vor dem Umfallen bewahrt werden. Um die Pflanzen nicht hacken, da sonst die flachen Wurzeln verletzt werden könnten!

Porree (Lauch)

Bewertung: Porree ist ein ausgezeichneter Vitamin-C-Spender. Er hat kaum Kalorien und lässt sich sehr abwechslungsreich zubereiten.

Saat/Pflanzung: Aussaat von Ende März bis Anfang April bei abnehmendem Mond in den Erdzeichen (Stier, Jungfrau, Steinbock); ideal wäre Steinbock. Anfang Mai – ebenfalls bei abnehmendem Mond – ins Freiland pflanzen.

Günstige/ungünstige Nachbarn: Pflanzen Sie Porree neben Fenchel, Karotten, Kohl, Salat, Sellerie oder Tomaten, aber nicht neben Bohnen, Erbsen oder rote Rüben.

Pflege: Nach dem Auspflanzen mit Brennnesseljauche (siehe Seite 26f.) düngen. Die beste Zeit zum Gießen und Düngen ist dann, wenn der Mond in einem Wasserzeichen steht.

Tipp 69 ❯

In sehr kalten Lagen empfiehlt es sich, den Lauch vor dem Wintereinbruch bei aufsteigendem Mond auszugraben und bis zum Verbrauch in Erde eingeschlagen an einem kühlen, aber frostsicheren Ort zu lagern.

Ernte: November bis April bei zunehmendem Mond, bei Mond in einem Wasserzeichen oder bei aufsteigendem Mond.

Besonderheiten: Porree schützt Erdbeeren vor Schimmelbefall und Karotten vor Karottenfliegen. Er braucht aber selbst Schutz vor Lauchmotten, die sich leicht durch Karotten fern halten lassen.

Radieschen

Bewertung: Radieschen schützen vor Gefäßverengung, Blasen-, Nieren- und Gallensteinen.

Saat/Pflanzung: Von März bis August oder September bei abnehmendem Mond. Besonders hoch sind die Erträge, wenn an Fischetagen gesät wird; allerdings verderben die Radieschen dann auch schneller.

Günstige/ungünstige Nachbarn: Gute Nachbarn sind Salat und Spinat.

Pflege: Radieschen brauchen guten Boden, der nicht frisch gedüngt, aber gut aufgelockert sein sollte! Wenn es zu trocken ist, vorzugsweise bei abnehmendem Mond gießen oder mulchen.

Ernte: Im Hochsommer drei bis vier Wochen nach der Aussaat, sonst nach sechs bis acht Wochen, wenn die Radieschen einen Durchmesser von etwa zwei Zentimetern haben. Sehr knackig sind Radieschen, die an einem Skorpiontag geerntet werden.

Lagerung/Konservierung: Radieschen sollten möglichst erntefrisch verzehrt werden.

Besonderheiten: Die jungen Pflanzen sollten rechtzeitig – bei zunehmendem Mond in einem Feuerzeichen – vereinzelt werden, damit die Früchte genug Platz zur Entfaltung haben.

☽ Tipp 70
Wenn Radieschen unter Glas oder Folie gezogen werden, sollte an warmen Tagen gut gelüftet werden, sonst wachsen die Blätter üppiger als die Wurzeln.

Rettich

Bewertung: Rettich wirkt entwässernd (ohne Salz!), regt sanft die Verdauung an und kann einen erhöhten Cholesterinspiegel senken.

Saat/Pflanzung: Winterrettich sollte im Juli oder August bei abnehmendem Mond im Stier gesät werden.

Günstige/ungünstige Nachbarn: Salat und Spinat halten Erdflöhe fern und sind deshalb ideale Nachbarn.

Pflege: Rettiche gedeihen gut in lockerem Boden an einem Ort im Halbschatten.

Ernte: Zehn bis zwölf Wochen nach Aussaat. Ideal ist die Winterrettichernte bei abnehmendem Mond in einem Luft- oder Erdzeichen, jedoch nie in einem Wasserzeichen!

Lagerung/Konservierung: Lagern Sie Rettich in Kisten mit trockenem Sand an einem frostsicheren Ort. Vorher sollten die Laubbüschel entfernt werden.

Besonderheiten: Rettich sollte möglichst schnell wachsen und vor allem rechtzeitig geerntet werden, sonst wird er leider holzig oder mehlig.

Tipp 71 ☽
In milden Lagen kann man die Winterrettiche auch im Boden überwintern lassen, wenn die Beete einen ausreichenden Frostschutz aus Zweigen und Laub erhalten.

Rhabarber

Bewertung: Rhabarber ist eine vitaminreiche, fruchtige Erfrischung, die schon im späten Frühjahr zur Verfügung steht.

Saat/Pflanzung: Entweder zwischen Oktober und November oder von Februar bis März an einem Krebs- oder Fischetag.

Pflege: Rhabarber gedeiht eigentlich in jedem Boden, am besten aber in schwerer, saurer Erde. Nach der Ernte sollte man die mehrjährige Staude bei abnehmendem Mond (kurz nach dem Vollmond) düngen.

Ernte: Im zweiten Jahr nach der Pflanzung, von März bis Juli bei abnehmendem Mond.

Lagerung/Konservierung: Wenn Rhabarber eingekocht oder zu Saft verarbeitet werden soll, empfiehlt es sich, die Stangen an einem Fruchttag (Widder, Löwe, Schütze) oder bei aufsteigendem Mond zu ernten.

Besonderheiten: Rhabarber ist auch mit einem schattigen Standort im Garten zufrieden.

Tipp 72 ☽
Um das übermäßige »Schießen« der Rhabarberpflanzen zu verhinden, sollten die entstehenden Blütenstängel sobald wie möglich an der Ansatzstelle zusammen mit den daran befindlichen Blättern herausgezogen (nicht abgebrochen) werden. Man erledigt diese Arbeit am besten bei abnehmendem Mond.

Rosenkohl

Bewertung: Rosenkohl enthält viel Vitamin K, das zur Blutgerinnung und für die Knochen wichtig ist. Außerdem ist er reich an Kalium, das vor allem für die Herz-, Muskel- und Nerventätigkeit benötigt wird.

☾ **Tipp 73**
Rosenkohl gedeiht gut als Folgekultur von Kartoffeln, Bohnen oder Erbsen, weil diese den Boden mit Stickstoff angereichert haben. Nachdem der Rosenkohl geerntet worden ist, empfiehlt sich an gleicher Stelle der Anbau von Fenchel.

Saat/Pflanzung: Aussaat im April/Mai bei abnehmendem Mond in einem Wasser- oder Feuerzeichen. Im Juni bei absteigendem Mond an den endgültigen Standort auspflanzen.

Günstige/ungünstige Nachbarn: Gute Nachbarn sind Porree, Salat (Endivien, Feldsalat) und Spinat.

Pflege: Rosenkohl liebt halbfesten Lehmboden und einen sonnigen, aber windgeschützten Standort. Damit die Röschen möglichst groß werden, sollte man im Herbst an einem Widder-, Löwe- oder Schützetag die Spitzen der Pflanze kappen.

Ernte: Ab September, noch besser November bzw. nach dem ersten Frost (der den delikaten Geschmack bedingt) an einem Frucht- oder Blütentag).

Besonderheiten: Da Rosenkohl dem Boden viele Nährstoffe entzieht, sollte dieses Defizit bei abnehmendem Mond durch einen Oberflächenmulch mit Falllaub wieder ausgeglichen werden.

Feinschmecker ernten den Rosenkohl an einem Blüten- oder Fruchttag, aber erst nach dem Einsetzen der ersten Winterfröste.

Rote Bete

Bewertung: Rote Bete (rote Rüben) schätzt man schon seit langem wegen ihrer Blut bildenden Wirkung, die auf den hohen Eisengehalt zurückzuführen ist. Außerdem enthält Rote Bete aber auch noch andere gesundheitsfördernde Stoffe wie Vitamin A und B, Magnesium, Chrom, Zink, Selen und vor allem Folsäure.

Saat/Pflanzung: Mai oder Juni bei abnehmendem Mond im Stier oder Steinbock. Wenn der Mond in den Fischen steht, entwickeln sich rote Rüben noch schneller.

Günstige/ungünstige Nachbarn: Passende Nachbarn sind Buschbohnen, Erdbeeren, Gurken, Kohlrabi, Salat und Zwiebeln. Ungünstige Nachbarn sind Kresse, Porree, Schnittlauch und Spinat.

Pflege: Besonders bei Hitze und Trockenheit ausreichend gießen, aber nicht zu viel, da sonst der Blattwuchs auf Kosten der Wurzeln angeregt wird.

Ernte: August bis November – bei zunehmendem Mond in einem Wasser- oder Feuerzeichen, wenn die Rüben zu Saft verarbeitet werden sollen; bei abnehmendem Mond in einem Erdzeichen, wenn das Gemüse gelagert wird.

Lagerung/Konservierung: Lagern Sie rote Rüben nicht an einem Wasser- oder an einem Jungfrautag ein; sie sind dann nämlich nicht lagerfähig und faulen leicht!

Tipp 74 ❭
Wenn Rote Bete nicht so recht keimen will, hilft ein kleiner Trick: Man legt die Samen etwa eine Stunde vor der Aussaat zum Quellen in eine Schale mit kaltem Wasser.

Salat

Bewertung: Alle Salatsorten sind vitaminreich, leicht bekömmlich und sehr kalorienarm

Saat/Pflanzung: Kopfsalat sät man, im März beginnend, bei zunehmendem oder aufsteigendem Mond, vorzugsweise an einem Krebs- oder Fischetag. Ausgepflanzt wird Kopfsalat dagegen bei abnehmendem oder absteigendem Mond, damit er Köpfe bildet und nicht ausschießt. Besonders günstig ist ein Stiertag.

Eissalat wird wie Kopfsalat behandelt.

Schnittsalat wird direkt ins Freiland ausgesät, am besten bei zuneh-

Tipp 75 ❭
Salat sollte unbedingt vormittags gegossen werden, damit die Pflanzen bis zum Abend abgetrocknet sind. Salat, der nass in die Nacht geht, ist anfälliger für Krankheitserreger.

mendem Mond kurz vor Vollmond. Günstig ist ein Wasserzeichen. Feldsalat ist winterhart. Er wird im Sommer bei zunehmendem Mond an einem Wassertag direkt ins Freiland gesät.

Endiviensalat wird im Juni/Juli bei zunehmendem Mond ins Saatbeet und nach ca. vier Wochen an Ort und Stelle ausgesät.

Günstige/ungünstige Nachbarn: Günstig für Kopf-, Feld- und Schnittsalat sind Bohnen, Dill, Erdbeeren, Kartoffeln, Kohl, Lauch, Radieschen, Rote Bete, Sellerie, Tomaten und Zwiebeln.

Günstig für Endiviensalat sind Bohnen, Fenchel, Kohl und Lauch.

Petersilie sollte man nicht in die Nähe von Salat setzen, da sonst der Geschmack beeinträchtigt werden kann.

Pflege: Alle Pflegearbeiten sollten grundsätzlich bei abnehmendem Mond durchgeführt werden. Vorsicht vor Schnecken! Beugen Sie vor, indem Sie die Erde bei abnehmendem Mond im Skorpion mit Säge- oder Steinmehl bestäuben.

Ernte: Alle Salate werden vorzugsweise bei zunehmendem Mond und/oder bei Mond in einem Wasserzeichen geerntet. Dann sind sie besonders saftig und knackig.

Lagerung/Konservierung: Winterendivien können ab Ende Dezember bei abnehmendem Mond in einem Luftzeichen an frostsicherem Ort in sandige Erde eingeschlagen werden.

Besonderheiten: Beim Auspflanzen der jungen Salatpflanzen sollte man darauf achten, dass die Blätter nicht mit Erde bedeckt werden.

> ☾ **Tipp 76**
> **Wer zwischen Mitte Juli und Ende August Winterendivien sät, kann noch bis Ende Oktober den frischen, gesunden Schnittsalat ernten.**

Schwarzwurzel

Bewertung: Schwarzwurzel ist zwar relativ arm an Vitaminen, dafür aber reich an Mineralstoffen, vor allem Eisen, Spurenelementen und Ballaststoffen. Schon früh wurde die Schwarzwurzel als Heilpflanze zur Entgiftung eingesetzt.

Saat/Pflanzung: Anfang April oder Mai bei abnehmendem Mond, am besten im Steinbock.

Günstige/ungünstige Nachbarn: Die richtigen Nachbarn wären Kohlrabi, Kopfsalat und Porree.

> ☾ **Tipp 77**
> **Wenn man von der im Spätherbst geernteten Schwarzwurzel dünne Nebensprossen im Boden lässt und diese etwas anhäufelt, kann man schon im nächsten Frühjahr erneut genussreife Wurzeln ernten.**

Pflege: Der Boden muss gut und tief durchgearbeitet, darf aber nicht frisch gedüngt sein.

Ernte: Im Herbst und Winter bei abnehmendem Mond, vorzugsweise im Steinbock.

Lagerung/Konservierung: Schwarzwurzel kann, in einer Kiste mit feuchtem Sand bedeckt, den Winter über frostsicher im Keller gelagert werden. Einen guten Zeitpunkt zum Einlagern finden Sie während des abnehmenden Mondes; vermeiden Sie aber Jungfrautage, sonst faulen die Wurzeln eher.

Besonderheiten: Der Boden muss für Schwarzwurzel vor der Aussaat besonders tief gelockert werden, damit die Wurzeln kräftig und gerade werden – am besten bei zunehmendem Mond.

Sellerie

Bewertung: Sellerie ist kalorienarm, dafür allerdings reich an Kalium, Kalzium und Niazin. Über seine entwässernde und blutreinigende Wirkung hinaus sagt man ihm bekannterweise ja auch eine aphrodisische Kraft nach.

Saat/Pflanzung: Knollensellerie wird in Saatgefäßen oder im Frühbeet vorkultiviert.

Die Aussaat erfolgt ab Mitte Mai bei abnehmendem Mond in einem Erdzeichen; am günstigsten ist Stier.

Staudensellerie kann ab Mitte April ins Freiland ausgesät werden. Umpflanzen ab Mitte Mai bei absteigendem Mond, beispielsweise an einem Skorpiontag.

Günstige/ungünstige Nachbarn: Passende Nachbarn für Sellerie sind Buschbohnen, Gurken, Kohl, Kohlrabi, Kopfsalat, Lauch, Spinat und Tomaten.

Keine günstigen Nachbarn wären Kartoffeln und Mais.

Pflege: Knollensellerie immer an Erdtagen pflegen, Staudensellerie dagegen an Wassertagen.

Ernte : Staudensellerie ab August bei zunehmendem Mond, Knollensellerie ab Oktober bei abnehmendem Mond.

Tipp 78 〉
Wer glatte, gut gewachsene Sellerieknollen ernten will, tut gut daran, aufkommende Seitentriebe sowie welke Blätter rechtzeitig zu entfernen. Die Beete stets unkrautfrei halten!

Lagerung/Konservierung: Sellerie sollte man niemals an Fischetagen einkellern, da er sonst leicht fault.

Besonderheiten: Die Blätter des Knollenselleries darf man nicht abbrechen, sonst wächst die Knolle nicht weiter.

Spinat

Bewertung: Aufgrund seines Reichtums an Antioxidanzien, also an Vitamin C, E, Beta-Karotin und Selen, bietet Spinat Schutz vor Krebs und anderen Krankheiten.

Saat/Pflanzung: Aussaat an Ort und Stelle von März bis Juli im aufsteigenden Mond.

Günstige/ungünstige Nachbarn: Zu den günstigen Nachbarn des Spinats gehören Erbsen, Erdbeeren, Gurken, Kartoffeln, Kohl, Kohlrabi, Radieschen, Stangenbohnen und Tomaten.
Optimal sind hochwüchsige Nachbarn wie Erbsen oder Bohnen, denn sie spenden bei Hitze Schatten.
Bauen Sie keine roten Rüben in der Nachbarschaft von Spinat an.

Pflege: Spinat braucht guten, humusreichen, nicht zu schweren Boden, der schon im Herbst oder Winter bei abnehmendem Mond mit gut verrottetem Humus oder Mist aufbereitet werden kann. Hacken und spritzen sollte man möglichst im Krebs, Skorpion oder in den Fischen.

Ernte: Acht bis zehn Wochen nach der Aussaat bei zunehmendem Mond in einem Wasserzeichen. Den höchsten Vitamingehalt hat Spinat übrigens bei Vollmond!

Lagerung/Konservierung: Spinat lässt sich sehr gut als Tiefkühlgemüse konservieren. Einfrieren sollte man ihn am besten bei aufsteigendem Mond.

Besonderheiten: Die Spinatwurzeln sollten nach der Ernte im Boden bleiben. Denn sie scheiden wichtige Stoffe aus, die, wie nachgewiesen worden ist, den Boden verbessern und zudem das Wachstum anderer Pflanzen fördern.

> **☾ Tipp 79**
> Vermeiden Sie bei Spinat unbedingt eine Überdüngung, vor allem mit Stickstoff. Dadurch steigt der Nitratgehalt in den Pflanzen, was aus gesundheitlichen Gründen vermieden werden sollte. Übrigens ist der Nitratgehalt in den Stielen höher als in den Blättern. Deshalb die Stiele vor der Zubereitung entfernen!

Tomaten

Bewertung: In Tomaten stecken die Vitamin B1, B5, B6, C, Folsäure, Beta-Karotin sowie Biotin und machen das lange Zeit lediglich als Zierpflanze bekannte Gemüse somit zu einem wirklich gesunden Genuss.

Saat/Pflanzung: Aussaat in Saatschalen etwa acht Wochen vor dem Auspflanzen an einem Widder, Löwe- oder Schützetag. Die Pflänzchen kommen ab Ende April ins Frühbeet, ins Freiland aber nicht vor Mitte Mai bis Anfang Juni. Gepflanzt wird am besten auch an einem Löwe- oder Schützetag.

Günstige/ungünstige Nachbarn: Geeignete Nachbarn sind Basilikum, Buschbohnen, Karotten, Kohlrabi, Kopfsalat, Lauch, Petersilie, Radieschen und vor allem auch Spinat.
Eher ungünstig sind Erbsen, Fenchel und Kartoffeln.

Pflege: Die Pflege wirkt an Fruchttagen am effektivsten. Tomaten brauchen genug Platz und stabile Stützen! Pilzerkrankungen wie beispielsweise Krautfäule oder Grauschimmel treten besonders bei feuchten und schlecht gelüfteten Böden auf. Beugen Sie diesem Problem vor, indem Sie die Pflanzen im Juli bei abnehmendem Mond mit Algenkalk überstäuben.

Ernte: Ab Juli bei zunehmendem Mond im Widder, Löwen oder Schützen.

Besonderheiten: Tomaten können – im Gegensatz zu den meisten anderen Gemüsepflanzen – immer wieder an derselben Stelle angebaut werden.

Tipp 80 ❱
Grüne Tomaten können bei Zimmertemperatur nachreifen. Licht ist dazu nicht erforderlich, im Gegenteil. Besser ist es sogar, die Früchte in Papier einzuwickeln, um die Verdunstung einzuschränken und die Tomaten vor dem Schrumpfen zu bewahren.

Zucchini

Bewertung: Zucchini ähneln in ihrer Bedeutung für die gesunde Ernährung den Gurken. Ihr Vitamingehalt ist aber bedeutend höher.

Saat/Pflanzung: Vorkultur in Töpfen ab Mitte April. Auspflanzen ins Freie erst nach den Eisheiligen. Günstig ist der zunehmende Mond an einem Fruchttag, aber auch der absteigende Mond.

Günstige/ungünstige Nachbarn: Die besten Nachbarn für Zucchini sind Erbsen, Kresse und Stangenbohnen.

Pflege: Von Zeit zu Zeit düngen, vorzugsweise an einem Widder-, Löwe- oder Schützetag. Schachtelhalmtee (siehe Seite 26f.) kann vor Pilzbefall schützen!

Ernte: Zucchini können geschnitten werden, wenn sie eine Länge von 10 bis 15 Zentimetern erreicht haben. Am günstigsten ist dafür die Zeit um Vollmond.

Besonderheiten: Zucchini wachsen gut an einem Platz, wo vorher Kopfsalat angebaut worden ist.

Zwiebeln

Tipp 81

Die Zwiebeln sind reif, wenn die Blätter zu welken beginnen. Um den Reifeprozess zu beschleunigen, kann man Ende August bis Anfang September die welken Blattstiele mit der Hand umknicken. Die Ernte beginnt, wenn die umgeknickten Blätter vollkommen (raschelnd) dürr geworden sind.

Bewertung: Die ätherischen Öle der Zwiebeln helfen Bakterien und Viren zu bekämpfen und lindern Erkältungsbeschwerden, indem sie die Schleimhäute zu vermehrter Sekretbildung anregen.

Saat/Pflanzung: Je nach Sorte – ab März direkt ins Freiland. An einem Steinbocktag gesteckt, werden sie schön fest!

Günstige/ungünstige Nachbarn: Geeignete Nachbarn sind Erdbeeren, Feldsalat, Gurken, Kamille, Kopfsalat und vor allem auch rote Rüben.

Keine guten Nachbarn sind Buschbohnen, Erbsen, Kohl und Spargel.

Pflege: Zwiebeln benötigen einen durchlässigen, humusreichen, aber nicht frisch gedüngten Boden in sonniger, geschützter Lage. An Erdtagen gepflegt, bleiben sie auch nach der Ernte noch lange haltbar und faulen nicht.

Ernte: Je nach Sorte – ab Ende August bei abnehmendem Mond.

Lagerung/Konservierung: Zwiebeln, die an Jungfrautagen geerntet werden, lassen sich länger lagern. Zusätzlich verbessert beim Einlagern Heu oder Stroh die Haltbarkeit.

Besonderheiten: Zwiebeln wollen keinen frisch gedüngten Boden; besser ist eine Gründüngung mit Pflanzenjauche an einem Wassertag bei abnehmendem Mond.

Der Kräutergarten

Ob würzige und schmackhafte Küchenkräuter oder Heilkräuter, die zu Ihrer Gesundheit beitragen – für beide Arten sollte unbedingt Platz in jedem Garten sein. Sei es in einer speziellen Kräuterecke oder in Gemeinschaft mit anderen Gartenpflanzen.

Im Folgenden geben wir Ihnen ein paar nützliche Ratschläge für Anbau und Ernte der Kräuter.

Der richtige Standort

▶ **Im Schatten bzw. Halbschatten** gedeihen Kapuzinerkresse, Kerbel, Liebstöckel, Petersilie und Schnittlauch.

▶ **Einen sehr sonnigen Standort** benötigen Anis, Alant, Basilikum, Beifuß, Bohnenkraut, Dill, Estragon, Gewürzfenchel, Kamille, Koriander, Majoran, Minze, Oregano, Rosmarin, Salbei, Thymian, Wermut und Ysop.

▶ **Viel Platz** brauchen Beifuß, Beinwell, Meerrettich und Wermut.

Tipp 82 ❱

Besonders pflegeleicht sind folgende Küchen- bzw. Heilkräuter: Bohnenkraut, Borretsch, Dill, Estragon, Gewürzfenchel, Kamille, Koriander, Liebstöckel, Petersilie, Pimpinelle und Schnittlauch. Sie brauchen nur wenig Wasser und stellen kaum Ansprüche an den Boden.

Platz für den Anbau von heilenden und würzigen Kräutern findet sich in jedem Garten. Viele Pflanzen sind so attraktiv, dass sie auch im Ziergarten stehen können.

▶ **Eher feucht** lieben es Baldrian, Basilikum, Borretsch, Kerbel, Kümmel, Liebstöckel, Minze, Zitronenmelisse.

▶ **Mehr trocken** sollte der Standort für Arnika, Johanniskraut, Lavendel, Thymian und Wermut sein.

Der richtige Zeitpunkt für die Aussaat

☾ Tipp 83
Auch im Winter kann man frische Kräuter am Küchenfenster ziehen. Dazu eignen sich u. a. Basilikum, Kresse, Petersilie, Rosmarin, Schnittlauch und Melisse. am besten ist ein Fenster nach Süden hin.

Im Allgemeinen werden Küchen- und Heilkräuter ab Mitte März bis Ende Mai direkt ins Freiland ausgesät. Dabei kommt es vor allem auf den richtigen Stand des Mondes an.

All diese Kräuter, von denen man die **Wurzel oder Knolle** nutzt, werden bei abnehmendem Mond in einem Erdzeichen (Stier, Jungfrau, Steinbock) gesät oder gesetzt.
Dazu gehören z. B. Baldrian, Beinwell, Knoblauch, Meerrettich und Zwiebeln.

Kräuter, von denen später einmal die **Blätter und Stängel** verwendet werden sollen, sät man immer bei zunehmendem Mond, bald nach Neumond, aus.
Für Kräuter, die einen feuchten Standort bevorzugen, wählt man dazu einen Wassertag (Krebs, Skorpion, Fische); für solche, die mehr die Trockenheit lieben, allerdings einen Lufttag (Zwillinge, Waage, Wassermann).
Zu den Blattkräutern zählen beispielsweise Basilikum, Bohnenkraut, Borretsch, Dill, Eibisch, Estragon, Kerbel, Kresse, Liebstöckel, Majoran, Minze, Melisse, Oregano, Petersilie, Rosmarin, Schnittlauch sowie auch Thymian.

☾ Tipp 84
Basilikum sollte man in die Nähe von Gurken pflanzen, weil es die Insekten anlockt, die die Gurkenblüten bestäuben.

Kräuter, deren **Blüten oder Dolden** besondere Heil- bzw. Würzkraft haben, werden bei zunehmendem Mond an einem Lufttag (Zwillinge, Waage, Wassermann) gesät.
Dazu rechnet man u. a. Lavendel, Kamille, Malve, Primel, Pimpinelle, Ringelblume, Salbei und Schafgarbe.

Und werden die **Früchte oder Samen** der Kräuter gebraucht, so sät man bei zunehmendem Mond in einem Feuerzeichen (Widder, Löwe, Schütze) aus.

Zu diesen Kräutern gehören beispielsweise Anis, Koriander oder auch Kümmel.

Der richtige Zeitpunkt für Ernte und Verarbeitung

Wurzeln oder Knollen sollten am besten bei Vollmond nach Sonnenuntergang bzw. vor Sonnenaufgang geerntet werden. Möglich ist es auch bei abnehmendem Mond bzw. Neumond in einem Erdzeichen (Stier, Jungfrau, Steinbock) – ebenfalls in den Nachtstunden.

Blätter, Stängel und Blüten sollten stets an einem möglichst trockenen Tag geerntet werden. Die beste Tageszeit ist der späte Vormittag, wenn der Tau bereits abgetrocknet ist.

Wenn die Kräuter frisch verbraucht, in Essig oder Öl eingelegt bzw. eingefroren werden sollen, ist die Zeit des Vollmondes oder des zunehmenden Mondes an einem Wassertag (Blätter, Stängel) bzw. Lufttag (Blüten) für die Ernte am günstigsten.

Sollen die Kräuter getrocknet werden, empfiehlt es sich, sie an einem Lufttag bei abnehmendem Mond zu ernten.

Früchte und Samen erntet man ebenfalls am späten Vormittag eines trockenen Tages. Dazu wählt man vorzugsweise den zunehmenden Mond in einem Feuerzeichen (Widder, Löwe, Schütze), wenn man die Kräuter sofort verwenden will, und den abnehmenden Mond in einem Feuerzeichen, wenn man sie aufbewahren möchte.

Tipp 85 ☽

Basilikum bewährt sich in Pflanzengemeinschaften als aktiver Pflanzenschutz. So wirkt es in der Nähe von Rosen, Apfelbäumen und Stachelbeeren vorbeugend gegen Mehltau; in Nachbarschaft von Bohnen, Möhren, Kohl, Rettich und Zwiebeln vertreibt es Erdflöhe und Kohlfliegen.

Tipp 86 ☽

Vom Dill kann man gar nicht genug im Garten haben. Er erhöht die Keimfähigkeit fast aller anderen Pflanzen und schützt überdies die Abwehrkraft von Gurken, Möhren sowie Kohl gegen Schädlinge.

Kräuter trocknen und abfüllen

Kräuter aller Art werden an einem warmen, schattigen Ort getrocknet. Abgefüllt werden sie stets bei abnehmendem Mond, bevorzugt in Keramik- oder dunkle Glasgefäße. Metallbehälter sind unbedingt zu vermeiden.

Der Obstgarten

Auch wenn sie verhältnismäßig viel Platz und Pflege benötigen – ein paar Obstbäume und -sträucher gehören in jeden Garten. Sie liefern nicht nur süße Früchte, sondern spenden auch Schatten für den Sitzplatz im Grünen. Beerensträucher sind auch als Hecken sehr geeignet.

Obstbäume

Pflanzung: Die richtige Zeit ist dafür im späten Herbst, von Ende Oktober bis Anfang November, wenn die Bäume ihre Blätter schon verloren haben, und im zeitigen Frühjahr, bevor der Austrieb beginnt. Um Neumond pflanzt man Apfel und Birne, bei zunehmendem Mond im November Aprikose und Pflaume.

Ebenfalls bei zunehmendem Mond, aber erst im März, können noch einmal Apfel, Birne, Aprikose und Pflaume sowie zusätzlich Kirsche gepflanzt werden.

Zum optimalen Gedeihen benötigt Kirsche den Vollmond, Aprikose und Zwetsche ziehen den zunehmenden Mond vor.

Zu viel Mondlicht schadet vor allem Pfirsich- und Nussbäumen!

Pflege: Bei abnehmendem Mond im November und dann noch einmal im Mai sollte gedüngt werden.

Pflegen Sie bei abnehmendem Mond in einem Feuerzeichen die Stämme mit einer Mischung aus Kuhmist, Lehm und Molke, die Sie auftragen, nachdem Sie die alte Rinde entfernt haben.

Vorsicht bei der Bodenpflege! Um eine Schädigung der Wurzeln zu vermeiden, legen Sie eine Baumscheibe aus Kuhdung an und gießen ab Juni abends immer kräftig.

Die Schädlingsbekämpfung ist am wirksamsten bei abnehmendem Mond. Gegen Obstmaden hat sich eine Spritzkur mit Wermutauszug bewährt, gegen Gespinstmotten hilft ein Brennnesselauszug. Schorf und Mehltau bekommt man in den Griff, indem man die betroffenen Zweige entfernt. Zusätzlich sollten Brennnesseljauche und schwefelhaltige Mittel verwendet werden.

Tipp 87
Vor dem Pflanzen sollten zu lange bzw. beschädigte Wurzelteile entfernt und der Wurzelstock etwa eine Stunde in Wasser eingeweicht werden.

Tipp 88
Achten Sie beim Pflanzen der Obstbäume unbedingt darauf, dass die Veredelungsstelle mindestens zehn Zentimeter über der Erde ist.

Wer besonders saftige und wohlschmeckende Früchte von seinen Obstbäumen ernten will, sollte einen Pflücktermin in der Nähe des Vollmondes wählen.

Schnitt: Bei zunehmendem Mond schießen die Säfte, und die Wunden schließen sich entsprechend schlechter! Schneiden Sie also nur bei abnehmendem oder absteigendem Mond, und verschließen Sie die Wunden gut.
Die beste Zeit ist Anfang des Jahres bis März. Vor allem junge Bäume sowie frostempfindliche Arten sollten erst später geschnitten werden. Bei Kirschbäumen wird gleich nach der Ernte geschnitten.

Ernte: Der Erntezeitpunkt sollte sich auch nach dem Verwendungszweck der Früchte richten. Da sie um Vollmond am meisten Zucker enthalten, ist diese Zeit prinzipiell sehr günstig. Sorten, die eingelagert werden sollen, erntet man möglichst bei abnehmendem Mond, am besten in einem Luft- oder Feuerzeichen des letzten Viertels. Vermeiden Sie Jungfrau-, Skorpion- und Fischetage!

Beerensträucher

Pflanzung: Die ideale Zeit, um Beeren ins Freiland zu setzen, ist bei zunehmendem Mond, nach Möglichkeit an einem Fruchttag. Meiden Sie unbedingt Skorpiontage!

Tipp 89 ❱
In die Baumscheiben der Obstbäume sollte man Kapuzinerkresse säen. Sie zieht die Blattläuse magisch an und schützt dadurch die Bäume vor dem Ungeziefer. Aus diesem Grund ist sie auch ein idealer Partner für Brokkoli, Kohl und Erdbeeren, von denen sie auch Raupen und Schnecken fern hält.

Pflege: Sie können die Wurzeln der Beeren mit einer bei abnehmendem Mond angelegten Schicht aus organischem Material schützen. Da die Wurzeln sehr dicht unter der Erdoberfläche liegen, sollten Sie den Boden nicht tiefer als fünf Zentimeter auflockern, um Beschädigungen zu vermeiden.

Wichtig ist regelmäßiges Gießen, damit die Früchte auch schön saftig werden.

Gegen Schädlinge wie Blattwanzen hilft das Besprühen mit Wermut- oder Rainfarntee bei abnehmendem Mond. Triebe mit Mehltaubefall sollten bei Neumond entfernt werden.

Der Neumond im Juni ist übrigens der beste Zeitpunkt für den Sommerschnitt.

Nach der Ernte und dann noch einmal im September oder Oktober wird gedüngt – und zwar idealerweise bei abnehmendem Mond.

Ernte: Um Vollmond sind die Beeren am süßesten, deshalb sollte man sie auch um diese Zeit herum ernten.

Konservierung: Besonders aromatische und haltbare Marmelade erhalten Sie, wenn Sie die Früchte bei abnehmendem Mond an einem Stier-, Skorpion- oder Wassermanntag einkochen.

Zum Trocknen sollte der abnehmende Mond in einem Feuer- oder Luftzeichen stehen.

Erdbeeren

Pflanzung: Erdbeeren gedeihen am besten, wenn sie bei zunehmendem Mond in einem Feuerzeichen gepflanzt werden; Monatserdbeeren können auch an einem Fischetag angebaut werden.

Pflege: Bedenken Sie, dass Erdbeeren einen sonnigen Standort lieben – er kann ruhig steinig sein – und nicht zu oft gedüngt werden wollen. Dafür sollten Sie den Boden aber nach der Ernte bei abnehmendem Mond in einem Feuerzeichen durch Kompost mit Nährstoffen anreichern.

Schützen Sie ihre Erdbeerpflanzen wirksam vor Grauschimmel, indem sie sie im Frühsommer um Neumond herum intensiv mit Schachtelhalmbrühe (siehe Seite 26f.) besprühen.

☾ **Tipp 90**
Um den gefürchteten Grauschimmel bei Erdbeeren zu verhindern, achte man darauf, dass die Pflanzen nicht zu dicht stehen und dass unter die heranwachsenden Früchte Holzwolle o. Ä. gelegt wird, das stauende Nässe fern hält.

Ziersträucher und Hecken

Pflanzung: Man sollte Sträucher und Hecken bei zunehmendem Mond an Zwillingetagen pflanzen, Ranken und Kletterpflanzen allerdings vorzugsweise an Wassertagen.

Schnitt: Sie sollten bei abnehmendem oder absteigendem Mond geschnitten werden.

Der Blumengarten

Blumen gehören in jeden Garten. Sie erfreuen nicht nur das Auge, sondern auch die Seele. Die zarten Geschöpfe aus Farbe und Licht sind außerordentlich sensibel für kosmische Einflüsse. Sie sind Kinder der Sonne, für die der Mondeinfluss – die umgesetzte Reflexion der Sonnenkraft – eine ganz besondere Bedeutung hat.

Allgemeine Mondregeln für Gartenblumen

▶ Damit Blüte und Duft sich voll entfalten können, sollte man Blumen stets drei Tage vor Vollmond bis Vollmond selbst aussäen oder pflanzen. Die Stunden des Mondwechsels sind allerdings nicht so gut geeignet.

▶ Für Blumen, die hochwachsen und gefüllte Blütenköpfe tragen, sind die ersten Tage des zunehmenden Mondes am besten geeignet.

▶ Besonders günstig ist auch einer der Lufttage (Zwillinge, Waage, Wassermann) bei zunehmendem Mond für die Aussaat bzw. die Pflanzung.

▶ Für die Pflege, also das Düngen, Mulchen oder die Anwendung von nährenden bzw. schützenden Pflanzenpräparaten (siehe Seite 26f.) eignet sich der abnehmende Mond in einem Luftzeichen erfahrungsgemäß besonders gut.

Tipp 91 ◗

Schnittlauch sagt man nach, dass er Rosen, Obstbäume und Stachelbeeren vor dem gefährlichen Mehltau schützen kann, wenn man ihn in der Nachbarschaft zieht.

▶ Für das Veredeln ist der zunehmende Mond in einem Luftzeichen (bevorzugt Waage) besonders günstig.

▶ Für den Schnitt von Blütengewächsen aller Art wählt man den abnehmenden Mond, idealerweise in Nähe des Neumondes.

Einjährige Sommerblumen

Einjährige Sommerblumen beeindrucken durch die Fülle ihrer Farben und Formen – so dass auch im kleinsten Garten ein Platz für sie reserviert sein sollte. Die meisten von ihnen bevorzugen einen sehr sonnigen Standort und brauchen einen gut mit Nährstoffen versorgten Boden, der aber nicht frisch gedüngt sein sollte.

☾ Tipp 92
Blumen für bunte Sträuße schneidet man am besten in der Vollmondzeit. Dann sind die Blütenfarben leuchtender, und der Duft ist intensiver. Die Blumen halten auch länger in der Vase.

Aussaat: Fast alle einjährigen Sommerblumen werden direkt an Ort und Stelle gesät. Man sät ab dem Monat April, wobei frostempfindliche Sorten erst ab Mitte Mai in die Erde kommen sollten. Geeignet ist die Zeit des zunehmenden Mondes und des Vollmondes – idealerweise dann, wenn er in einem Luftzeichen (Zwillinge, Waage, Wassermann) steht.

Pflege: Für alle pflegenden Maßnahmen, also beispielsweise das Düngen, Mulchen die Anwendung von nährenden oder schützenden Pflanzenpräparaten eignen sich Zwillinge-, Waage- und Wassermanntage bei abnehmendem Mond am besten.

Schnitt: Wenn Blumen für bunte Sträuße geschnitten werden sollen, ist die Zeit des zunehmenden Mondes dafür besonders gut geeignet. Die Blütenfarben sind dann besonders leuchtend, der Duft ungemein intensiv. Um diese Zeit geschnittene Blumen sind auch in der Vase länger haltbar und werden noch für sehr viel Freude sorgen.

Wenn Blumen getrocknet werden sollen, schneidet man sie an einem Lufttag bei zunehmendem Mond und breitet sie zum Trocknen aus. Abgefüllt bzw. eingenäht werden die Blütenpotpourris dann an einem Lufttag bei abnehmendem Mond.

Zwiebelgewächse

Zwiebelgewächse sind die ersten zarten Boten des Frühlings, sie blühen den ganzen Sommer mit verschwenderischer Pracht, und sie geben auch dem Herbst noch bunte Tupfer – Schneeglöckchen, Tulpen, Gladiolen, Dahlien u. v. a.

Setzen: Die Zwiebeln der Frühjahrsblüher (beispielsweise Schneeglöckchen, Krokusse, Hyazinthen, Narzissen und Tulpen) steckt man Ende September bis Anfang Oktober bei abnehmendem Mond, am besten an einem Waagetag oder an einem anderen Tag bei absteigendem Mond.

Die Zwiebeln der Sommerblüher (beispielsweise Gladiolen, Begonien, Dahlien) werden nach den Eisheiligen, also etwa ab Mitte Mai, gesteckt. Dazu wählt man bevorzugt einen Lufttag bei zunehmendem Mond. Bei Dahlien wirkt der Vollmond ganz besonders wuchsfördernd.

Pflege: Die Pflanzstellen der im Frühjahr blühenden Zwiebelgewächse deckt man zum Schutz vor Frostschäden mit einer Humusschicht ab (bei abnehmendem Mond).

Nach der Blüte empfiehlt sich eine Zwischendüngung mit Brennnesseljauche (siehe Seite 26f.), um die Zwiebeln zu festigen. Ideal ist das Düngen bei Vollmond.

Im Herbst – unbedingt vor den ersten Frösten – werden die Zwiebeln der Sommerblüher bei abnehmendem Mond an einem Lufttag aus der Erde genommen und an einem kühlen Ort gelagert.

Tipp 93 ❱

Achten Sie beim Einkauf darauf: Umso größer die Blumenzwiebel, desto größer ist die Wahrscheinlichkeit, dass die Pflanzen im nächsten Frühjahr prächtig blühen.

Das Ausgraben der Zwiebeln

Die Zwiebeln der Frühjahrsblüher können für mehrere Jahre in der Erde bleiben. Sollen sie jedoch herausgenommen und gelagert werden, verfährt man in gleicher Weise wie bei den Sommerblühern: Ihre Zwiebeln werden an einem Lufttag bei abnehmendem Mond aus der Erde geholt.

73

Blühende Stauden

Sie sind unentbehrlich für die Gartengestaltung – leuchtend blühende Stauden, die in Gruppen, Rabatten oder auch als Hecken sozusagen die prägenden Elemente des Ziergartens darstellen. Weil sie oft für Jahrzehnte an ihrem Platz bleiben, brauchen sie einen tiefen, nährstoffreichen Boden und ebenso regelmäßige Pflege durch Bodenlockerung und Düngung.

☾ Tipp 94

Lavendel duftet nicht nur angenehm; die Staudenpflanze schützt andere Pflanzen vor Ungeziefer und vertreibt die Ameisen aus seiner Umgebung. In die Nähe von Rosen gepflanzt hält Lavendel die Blattläuse fern.

Pflanzung und Umsetzen: Stauden, die erstmalig an ihren Standort kommen, pflanzt man am günstigsten im Frühjahr bei zunehmendem Mond an einem Lufttag. Die Erde soll die Wurzeln gleich fest umschließen; deshalb muss auch kräftig angegossen werden.
Die Vermehrung der Stauden erfolgt meist durch Teilung. Diese kann im Herbst erfolgen, vorzugsweise an einem Jungfrautag.

Pflege: Für die Pflegemaßnahmen, nämlich das Düngen, Mulchen oder die Anwendung von nährenden oder schützenden Pflanzenpräparaten (siehe Seite 26f.) eignet sich der abnehmende Mond in einem Luftzeichen am besten.

Mehrjährige Stauden bestimmen das Gesicht des Gartens. Die Vermehrung durch Teilung sollte man im Herbst an einem Jungfrautag vornehmen.

Rasen – das grüne Herz des Familiengartens

Ob als gepflegter Blickfang im englischen Stil oder als strapazierfähige Spielwiese für die Kinder – ein Stückchen Rasen braucht der Mensch, um seine Augen und auch seine Seele auszuruhen.

Aussaat: Es gibt im Fachhandel spezielle Grasmischungen als Saatgut für die verschiedenen Funktionen, die der Rasen erfüllen soll.

Ausgesät wird von Ende April bis Anfang Juni bei zunehmendem Mond in einem Wasserzeichen. Auch ein Waagetag ist geeignet. Bei Löwe ausgesäter Rasen wächst zwar nur langsam, wird aber schön dicht und braucht nicht so oft geschnitten zu werden.

Pflegen: Ein dichter Rasenteppich braucht reichlich Stickstoff, der mittels der auf Seite 26f. beschriebenen Pflanzenpräparate zugeführt werden kann. Dazu wählt man den abnehmenden Mond (kurz nach Vollmond) in einem Wasserzeichen.

Mähen: Frisch angesäter Rasen sollte erstmals nach etwa vier Wochen, dann im etwa 14-tägigen Rhythmus mit der Sense oder Sichel gemäht werden. Ist der Rasenteppich gefestigt, kann der Rasenmäher eingesetzt werden.

Gemäht wird von Ende April bis etwa Mitte Oktober bei zunehmendem Mond in einem Wasserzeichen.

Tipp 95 ❱

Lassen Sie über den Winter kein Laub auf dem Rasen liegen, weil die Grasnarbe darunter faulen könnte.

Balkon und Terrasse

Schaffen Sie sich eine grüne Oase auf dem Balkon! Wählen Sie Blumen, die zur Lage Ihres Balkons gut passen, und pflegen Sie sie sorgsam. Denn sie sind der Witterung stärker ausgeliefert als Blumen im Garten und haben im Blumenkasten weniger Platz für die Entfaltung ihrer Wurzeln sowie ein eingeschränkteres Nährstoffangebot.

Pflanzung: Damit Sie sich auch im Winter am Anblick Ihres Minigartens auf dem Balkon erfreuen können, pflanzen Sie ein paar immergrüne Pflanzen. Hier bieten sich Buchsbaum, veschiedene Zypressenarten oder Zwergkiefern an, die Sie an einem Jungfrau- oder Stiertag pflanzen sollten, damit sie kräftige Wurzeln bekommen.

Pflege: Besonders wichtig sind gute Erde, die mit Kompost und Hornspänen noch verbessert werden kann, und eine ausreichende Wasserversorgung! Bei den Blumentöpfen oder -kästen sollten Sie Terrakotta bevorzugen und unbedingt auf Abzugslöcher am Topfboden achten, damit sich das Wasser dort nicht stauen und die Wurzeln zum Faulen bringen kann.

Im Übrigen unterscheiden sich die Mondregeln für Balkonblumen nicht von denen, die für Gartenpflanzen gelten. Sie sollten lediglich darauf achten, dass Begonien nicht zu viel Sonnen- und Mondlicht bekommen und dass Geranien bei Neumond zurückgeschnitten werden sowie im Winter einen hellen Standort haben.

Der Zimmergarten

Tipp 96
Gerade für Zimmerpflanzen gilt die bewährte Regel: Nie an Lufttagen (Zwillinge, Waage, Wassermann) gießen, weil sonst die Schädlinge geradezu angelockt werden.

Für den Umgang mit Zimmerpflanzen gelten im Prinzip dieselben Mondregeln wie im Garten oder auf dem Balkon. Hier soll nur noch einmal auf einige Besonderheiten hingewiesen werden, deren Beachtung hilfreich sein kann.

Pflanzung: Das Neupflanzen und auch das Umtopfen werden am besten an einem Jungfrautag bei zunehmendem Mond vorgenommen – die Pflanzen wurzeln dann schneller und besser an.

Auch Ableger wurzeln im Herbst besser an, wenn man sie an einem Jungfrautag bei abnehmendem Mond steckt.

Pflege: Gießen Sie vorzugsweise an Wassertagen (Krebs, Skorpion, Fische), möglichst aber nicht an Lufttagen (Zwillinge, Waage, Wassermann), da dadurch die Schädlinge angelockt werden.

Düngen sollten Sie – je nach Nährstoffbedarf – während der Wachstumsphase wöchentlich bis 14-tägig bei abnehmendem Mond, vorzugsweise an Wurzeltagen (Stier, Jungfrau, Steinbock).

Pflanzen, die in geheizten Räumen überwintern, brauchen auch in dieser Zeit Nährstoffe; allerdings reicht etwa alle vier Wochen eine schwache Düngung.

Zimmerpflanzen, die nur schwach wurzeln, können zwischendurch bei abnehmendem Mond an Wurzeltagen gedüngt werden.

Blütenpflanzen, die nicht mehr blühen wollen, sollten eventuell eine zusätzliche Nährstoffgabe an einem Blütentag (Zwillinge, Waage Wassermann) erhalten.

Zimmerpflanzen brauchen ein gesundes Klima

Die meisten Zimmerpflanzen brauchen zum guten Gedeihen eine höhere Luftfeuchtigkeit, als sie gewöhnlich in modernen Wohnungen herrscht. Wenn sich die Blattspitzen gelblich bis braun verfärben, ist das ein Zeichen dafür, dass die Luft zu trocken ist.

Es hilft, wenn diese Pflanzen einmal täglich mit einem Wasserzerstäuber besprüht werden. Sehr gut eignet sich kalkarmes Regenwasser, das Zimmertemperatur hat. Man besprüht immer vormittags, damit die Pflanzen während der wärmsten Tageszeit die optimale Luftfeuchtigkeit haben und bis zum Abend wieder abgetrocknet sind.

Tipp 97 🌙

Die meisten Zimmerpflanzen gedeihen nicht so recht, weil sie zu viel gegossen und zu häufig gedüngt werden.

Wer sich beim Umtopfen einen Erdtag (am besten Jungfrau) bei zunehmendem Mond aussucht, kann damit rechnen, dass die Pflanzen gut anwurzeln.

Wer die Mondregeln für Pflanzen erprobt hat, bekommt bald ein Gefühl dafür, wie sich die Einflüsse des Mondes auf seinen Garten auswirken.

Der immer während Mondkalender für den Garten

Dieses Kapitel dient zu Ihrer raschen und zielsicheren Orientierung. Es ist nach den einzelnen Phasen bzw. Qualitäten des Mondes geordnet, und Sie finden hier überblicksmäßig die günstigen und ungünstigen Zeiten für alle Aktivitäten im Garten

Unter Zuhilfenahme der im Anhang ersichtlichen Monddaten für die Jahre 1998 bis 2002 können Sie sich aus diesen Anregungen einen ganz persönlichen Mondkalender zusammenstellen, der Sie durch das Gartenjahr führt.

Bedenken Sie dabei aber immer, dass die hier genannten Regeln und Ratschläge niemals als starres Schema gedacht sind und flexibel gehandhabt werden sollen. Sie wollen und sollen Ihnen Anregung sein, das Werden, Wachsen und Vergehen in Ihrer Umwelt zu beobachten und zu erleben. Wenn Sie sich Zeit nehmen, auf die Energien des Mondes zu achten, wenn es Ihnen gelungen ist, sich zu öffnen und sensibel zu werden für das, was in der Natur vor sich geht, und wenn Sie schließlich durch Ihre eigene Erfahrung die Energien des Mondes spüren – dann werden unsere Ratschläge Ihnen sicher helfen, noch mehr Freude im Garten zu haben.

Der richtige Termin

Überprüfen Sie in den nachfolgenden tabellarischen Übersichten die erforderlichen oder gewünschten Tätigkeiten hinsichtlich der günstigen und ungünstigen Zeitpunkte. Wählen Sie den Zeitpunkt oder die Zeitspanne – also die Mondphase bzw. -qualität – für Ihre Arbeiten, die als günstig ausgewiesen ist.

Berücksichtigen Sie auch zusätzlich, dass es zu jedem Termin fast immer alternative Möglichkeiten gibt, die nahezu gleich günstig sind. Vor allem – vertrauen Sie in jedem Fall auf Ihr Gefühl und auf Ihre Erfahrung.

Ein Beispiel

Sie wollen am Samstag, dem 3. April 1999, in Ihrem Garten tätig sein. Aus den Tabellen im Anhang entnehmen Sie, dass dies ein Skorpiontag bei abnehmendem Mond ist.	Bei abnehmendem Mond ist es günstig, Wurzelgemüse zu säen, die Pflanzen zu gießen und zu düngen. Auf das Säen von Sommerblumen sollte man heute aber verzichten.

Grundsätzlich gilt: Während der kurzen Zeit des Mondwechsels vom Neumond zum zunehmenden Mond und vom Vollmond zum abnehmenden Mond (etwa drei Stunden nach Neu- bzw. Vollmond) sollen die Gartenarbeiten ruhen.

Die wechselnden Energien sind vor allem ungünstig für das Säen, Setzen und Pflanzen.

Das Gleiche gilt ebenso für die Wendepunkte zwischen aufsteigendem und absteigendem Mond.

Die Mondphasen im Garten

Bei Neumond

An den Neumondtagen beginnt der Wechsel der Mondkräfte von unten nach oben.

Noch aber sind die Säfte in den unteren Wurzelbereichen aktiv, deshalb ist die Keimkraft besonders gering. Dies gilt insbesondere für die letzten drei Tage vor Neumond und den Neumondtag selbst.

Besonders stark sind die keimkrafthemmenden Wirkungen, wenn der Mond an diesen Tagen zusätzlich auch noch absteigend ist – vor allem, falls er sich gerade im Skorpion befindet.

Tipp 98 ❯
Die Mondregeln für den Garten sollten niemals als Dogma betrachtet werden, das keine Ausnahme zulässt. Selbstverständlich beeinflussen Wetter, Lichtverhältnisse und Bodenfruchtbarkeit die Verhältnisse ganz wesentlich.

Was man tun kann

⊕ Kranke Pflanzen, auch Bäume, sollte man jetzt kräftig zurückschneiden, damit sie sich unter dem Einfluss des nun folgenden zunehmenden Mondes wieder regenerieren können. Bei Zimmerpflanzen und Blütengewächsen, die geschwächt sind oder kränkeln, genügt es oft schon, die Spitzen zu kappen.

⊕ Obstbäume und -gehölze können am Neumondtag – aber nicht in der Zeit des Mondbruchs – veredelt werden; die Reiser wachsen in der nachfolgenden Zeit des zunehmenden Mondes schnell und sicher an.

⊕ Unkraut kann – aber ebenfalls vor dem Mondbruch – durch Ausreißen (nicht durch Hacken!) entfernt werden; es wächst so schnell nicht wieder nach.

⊕ Die Bekämpfung von Ungeziefer ist besonders erfolgreich, wenn sie unmittelbar vor Neumond durchgeführt wird.

⊕ Günstig ist es, Keller- und Lagerräume sowie -regale wenige Tage vor Neumond zu reinigen.

Was man lassen sollte

⊕ An den letzten drei Tagen vor Neumond und am Neumondtag selbst sollten keine Pflanzen gesät oder gesetzt werden; sie würden nur schwach keimen, schlecht wurzeln und langsam wachsen.

⊕ Ebenso ungünstig ist es, um diese Zeit Blattgemüse, Kräuter oder Früchte zu ernten. Das Erntegut wäre von minderem Geschmack und hätte deutlich weniger gesundheitsfördernde Kraft.

⊕ Das Hacken bzw. Jäten sollte man um Neumond besser unterlassen, um nicht etwa die jetzt besonders sensiblen Wurzeln zu verletzen.

Bei zunehmendem Mond

Die Erde atmet jetzt aus. Die Säfte steigen nach oben und entfalten ihre Kraft in Stängeln, Blättern und Blüten. Das Wachstum, das Reifen und Blühen über der Bodenoberfläche wird gefördert.

Verstärkt werden diese Wirkungen des zunehmenden Mondes, wenn er durch ein Wasserzeichen (Krebs, Skorpion, Fische) wandert oder gerade aufsteigend ist.

☾ Tipp 99

Während der Stunden des unmittelbaren Mondwechsels sollte man im Garten die Arbeiten einmal ruhen lassen. Die Pflanzen reagieren zu dieser Zeit besonders sensibel auf äußere Einflüsse.

Der zunehmende Mond fördert das Wachstum über der Erde. Beim Gießen sollte man aber zurückhaltend sein, weil die Erde nicht so aufnahmefähig ist.

Was man tun kann

🌙 Jetzt sät und pflanzt man alles, was über der Erde wachsen und Frucht tragen soll, also Blattgemüse, Blumen und Früchte.

🌙 Alle Maßnahmen zur Lockerung des Bodens – das Graben, Rigolen und Hacken – gelingen bei zunehmendem Mond besonders leicht, da die Erde von innen nach außen arbeitet. Zugleich unterstützen diese Arbeiten das Ausatmen des Bodens.

🌙 Bei Trockenheit soll man gießen oder wässern – aber eher zurückhaltend und mit zerstäubtem Strahl, da die Erde große Wassermengen jetzt nicht aufnehmen kann. Bei einem Überangebot an Feuchtigkeit besteht Fäulnisgefahr.

🌙 Im zunehmenden Mond geerntete Gemüse, Früchte oder Kräuter sind saftiger, knackiger, schmackhafter als zu anderen Mondzeiten. Man sollte sie aber bald verbrauchen, da sie nicht sehr haltbar sind.

🌙 Küchenkräuter, Gewürze und Heilpflanzen sollten Sie jetzt ernten bzw. sammeln; sie enthalten besonders viele Aromastoffe und entfalten ihre volle Würzkraft bzw. Heilwirkung.

🌙 Wenn der Rasen rasch nachwachsen soll, kann man ihn bei zunehmendem Mond mähen. Die Grasnarbe wird dann allerdings weniger dicht.

☽ Das Ausheben von Gräben und Teichen ist jetzt zu empfehlen; auch die Uferbegrenzungen bzw. -befestigungen sollten in dieser Mondphase angelegt werden.

☽ Wasserleitungen in Haus und Garten sollten jetzt installiert bzw. repariert werden.

Was man lassen sollte

☽ Es ist nicht zu empfehlen, Bohnen und Kartoffeln bei zunehmendem Mond zu legen. Denn es bestünde die Gefahr, dass sie rasch und stark ins Kraut schießen.

☽ Bei zunehmendem Mond sollte man nicht düngen. Der Dünger würde kaum in die Erde eindringen; in der Folge würden die Nährstoffe fortgeschwemmt.

☽ Ebenfalls sollte das Gießen bzw. Bewässern unterbleiben, wenn es nicht unbedingt erforderlich ist. Das Wasser wird von der Erde nur schlecht aufgenommen; und Feuchtigkeit im Bereich der Stängelansätze kann zur Fäulnis führen.

☽ Erntegut, insbesondere Kräuter, Früchte, Pilze u. Ä., sollte nicht lang gelagert, sondern möglichst bald verbraucht werden. Denn die Trocknung ist erschwert und die Schimmelbildung begünstigt.

☽ Bäume und Hecken sollten bei zunehmendem Mond nicht geschnitten werden; andernfalls leiden die Bäume unter erhöhtem Saftverlust, während die Hecken sehr rasch wieder nachtreiben.

☽ Das Jäten bzw. Ausreißen von Unkraut ist bei zunehmendem Mond nicht zu empfehlen, weil dadurch das Auswuchern der unerwünschten Pflanzen gefördert wird.

☽ Der zunehmende Mond ist eine ungünstige Zeit zur Bekämpfung von oberirdischen Pflanzenschädlingen, vor allem von Schnecken und Ameisen.

☽ Jetzt in die Erde geschlagene Pfähle, Pfosten oder Zäune, aber auch bei zunehmendem Mond angelegte Gartenmauern, Wege oder Treppen halten nicht. Man verrichtet diese Arbeiten besser bei Neumond oder abnehmendem Mond.

☽ Maler- und Lackierarbeiten sind ungünstig, denn die Farbe trocknet schwer.

☾ **Tipp 100**
Bei zunehmendem Mond sollte auf den Schnitt von Bäumen und Hecken besser verzichtet werden. Der Saftverlust könnte für die Pflanzen gefährlich werden.

Bei Vollmond

Die Entfaltung der Mondkräfte ist bei Vollmond am größten. Diese Kräfte können die Keimkraft und das Wachstum maximal fördern; sie können die Pflanzen aber auch überfordern. Deshalb ist – besonders um die Zeit des Mondbruchs – Vorsicht angezeigt. Die Pflanzen sollten vor zusätzlicher Belastung bewahrt, also am besten in Ruhe gelassen werden.

Die Vollmondwirkung wird während der Sommermonate (April bis September) verstärkt, aber auch dann, wenn der Mond am Vollmondtag in einem Wasserzeichen (Krebs, Skorpion, Fische) steht oder aufsteigend ist.

Was man tun kann

☺ Drei Tage vor Vollmond bis sieben Tage danach ist die beste Aussaatzeit überhaupt. Allerdings sollte man den Vollmondtag selbst, besonders aber die Zeit um dem Mondbruch, unbedingt meiden.

☺ Es wird auch empfohlen, kurz nach Vollmond Kartoffeln zu legen und Zwiebeln zu stecken.

☺ Die Vollmondzeit ist ideal für das Ausbringen von Düngern aller Art, auch für die Gründüngung und das Mulchen (siehe Seite 21).

☺ Jetzt bereitete Nährlösungen, Düngejauchen und auch das Gießwasser sollten dem Vollmondlicht ausgesetzt werden, damit sich die Flüssigkeiten mit der Mondenergie »aufladen« können. Auch wenn Wolken den Vollmond verdecken, wirkt diese Energie.

☺ Kurz vor Vollmond sollte man Küchenkräuter, Gewürze und Heilpflanzen ernten bzw. sammeln; sie enthalten dann besonders viele Aromastoffe und entfalten ihre volle Würzkraft bzw. Heilwirkung. Zur Trocknung bzw. zum Abfüllen in Lagergefäße ist aber besser bis zum abnehmenden Mond zu warten.

☺ Gemüse, das man kurz nach Vollmond erntet, ist immer noch saftig und aromatisch, dabei aber viel haltbarer als bei zunehmendem Mond geerntetes.

☺ Auch Früchte, die kurz nach Vollmond gepflückt werden, sind sehr saftig und beim Konservieren besonders ergiebig.

Vollmondtage sind für Sä- und Pflanzarbeiten im Allgemeinen eher ungeeignet.

Wenn man einmal von der Gartenarbeit ausruhen will, ist ein Vollmondtag besonders gut geeignet. Die Pflanzen sind für ein wenig Ruhe an diesem Tag ebenfalls dankbar.

Was man lassen sollte

☺ Unmittelbar am Vollmondtag, besonders aber um die Zeit des Mondbruchs, sollte man die Arbeit im Garten weitgehend ruhen lassen; die Pflanzen könnten überfordert werden.

☺ Schneiden Sie auf keinen Fall in der Vollmondzeit Bäume oder Gehölze; der Saftverlust wäre so groß, dass sie eingehen könnten!

☺ Auch das Hacken und Graben in der Nähe von Pflanzen sollte unterbleiben, um den Energiefluss in den Pflanzen nicht zu stören.

☺ Die Pflanzen sollte man nur gießen oder bewässern, wenn es sehr trocken ist. Bei Vollmond gibt es ohnehin oft einen Wetterwechsel, der Regen bringt.

☺ Kopfgemüse – Salat, Kohl u. Ä. – schießt bei starker Vollmondbestrahlung oft auf. Es sollte dem Vollmond also nicht ausgesetzt werden – deshalb vorher ernten oder das Beet kurzzeitig abdecken.

Bei abnehmendem Mond

Die Erde atmet jetzt ein. Die Säfte fließen zu den Wurzeln und entfalten dort ihre Kraft. Boden und Pflanzen nehmen jetzt verstärkt Wasser und Nährstoffe auf. Das Wachstum über der Erde wird verlangsamt; die Pflanzen kräftigen sich aber. Nun ist die beste Zeit für die meisten Pflegearbeiten im Garten.

Die Kräfte des abnehmenden Mondes sind stärker, wenn die Gartenarbeiten am Nachmittag ausgeführt werden.

Was man tun kann

☽ Bei abnehmendem Mond wird all das gesät bzw. gepflanzt, was unter der Erdoberfläche wachsen und Frucht tragen soll – also Wurzelgemüse, Hackfrüchte und Knollen (z. B. Karotten, Zwiebeln, Knoblauch, Rettich, Sellerie, Kartoffeln, Rüben).

☽ Für diese Gemüse und Hackfrüchte ist jetzt auch die beste Erntezeit, weil nämlich erfahrungsgemäß die Geschmacksqualität besonders hoch ist.

☽ Auch alle oberirdisch wachsenden und reifenden Gemüse sowie Früchte können jetzt geerntet werden, wenn man sie lagern oder konservieren will. Sie schmecken zwar besser, wenn sie bei zunehmendem Mond eingebracht werden, sind aber – falls bei abnehmendem Mond geerntet – viel länger haltbar.

☽ Kopfsalat bildet größere, festere Köpfe und schießt weniger auf, wenn er bei abnehmendem Mond ausgepflanzt wird.

☽ Bei abnehmendem Mond werden Bäume und Hecken sowie Reben geschnitten.

☽ Wenn man den Rasen bei abnehmendem Mond mäht, wächst das Gras nicht so rasch nach und der Rasen wird schön dicht.

☽ Jetzt ist die Zeit geeignet, um die Pflanzen zu düngen und zu wässern; besonders günstig ist es, wenn der abnehmende Mond gerade ein Wasserzeichen (Krebs, Skorpion, Fische) durchläuft.

☽ Unkraut, das in der Phase des abnehmenden Mondes gejätet wird, wächst nicht so rasch wieder nach.

☽ Die Zeit des abnehmenden Mondes ist bestens für das Einlagern, Trocknen, Abfüllen und Konservieren von Erntegut aller Art geeignet. Besonders günstig ist ein Widdertag.

☽ Jetzt sollte man auch Zaunpfähle und Pfosten in die Erde schlagen, Gartenmauern sowie Wege anlegen – erfahrungsgemäß bleiben sie dann wirklich stabil.

Bis auf Saat und Pflanzung von hochwachsenden Pflanzen (bei zunehmendem Mond begünstigt), gelingen fast alle Arbeiten rund um die Pflanzen bei abnehmendem Mond besonders gut.

🌙 Wenn der Mond in seiner abnehmenden Phase ist, sollte man an die Reparatur von Gartengeräten, Pflanzgefäßen und Gewächshäusern denken.

🌙 Begünstigt ist während dieser Zeit auch die Durchführung von Maler- und Lackierarbeiten im Garten; die Farbe trocknet dann schneller und hält besser.

Was man lassen sollte

🌙 Weil Keimkraft und Wachstum über der Bodenoberfläche bei abnehmendem Mond vermindert sind, sollte man keine Pflanzen säen oder setzen, die rasch und hoch wachsen sollen.

🌙 In dieser Mondphase sollte man auch auf das Säen und Auspflanzen von Sommerblumen verzichten; sie würden weniger rasch wachsen und eine geringere Blütenpracht entfalten.

🌙 Gemüse, Kräuter und Früchte, die jetzt geerntet werden würden, wären weniger saftig und gut im Geschmack als bei zunehmendem Mond eingebrachte. Verzichten Sie deshalb bei abnehmendem Mond auf eine entsprechende Ernte.

> Obst, das bei abnehmendem Mond geerntet wird, ist zwar meist haltbarer, aber oft weniger schmackhaft als solches, das man bei zunehmendem Mond pflückt.

Bei aufsteigendem Mond

Bei seinem Erdumlauf durchwandert der aufsteigende Mond die Tierkreiszeichen Schütze, Steinbock, Wassermann, Fische, Widder, Stier und Zwillinge. Die Zeichen Schütze und Zwillinge kennzeichnen den Wendepunkt von und zu der absteigenden Kraft.

Die Wirkung des aufsteigenden Mondes auf die Natur ist der des zunehmenden Mondes vergleichbar: Das Wachstum über der Erde ist entsprechend begünstigt. Der aufsteigende Mond wird auch als Erntemond bezeichnet.

Was man tun kann

🌙 Günstig ist vor allem das Veredeln von Obstgehölzen und Rosen. am besten geeignet dafür sind die Tage, an denen der Mond im Widder steht.

🌙 Besonders an Fischetagen sollte man gießen und bewässern.

☽ Vor allem im Herbst sollte man bei aufsteigendem Mond die Pflanzen düngen.

☽ Die meisten Sä- und Pflanzarbeiten für oberirdisch wachsende Pflanzen sind günstig.

☽ Jetzt ist die beste Zeit zum Ernten der meisten Garten- und Feldfrüchte (Gemüse, Küchenkräuter, Obst). Die Widdertage sind besonders günstig, Fischetage aber problematisch.

☽ Bei aufsteigendem Mond hat man günstige Termine zum Einkochen (Einmachen) von Obst, Marmelade, Säften, Gemüse und anderen Lebensmitteln.

☽ Besonders günstig ist das Sammeln von heilkräftigen Früchten und Samen, die haltbar gemacht und für längere Zeit aufbewahrt werden sollen, an den Tagen, wenn der Mond im Tierkreiszeichen Widder oder Schütze steht.

☽ Begünstigt sind das Einschlagen von Möbelholz (acht Tage nach dem Dezemberneumond an Wassermann- oder Fischetagen) und von Bretter- sowie Bauholz (an Fischetagen).

☽ Die Zeit des aufsteigenden Mondes ist vorteilhaft für alle Arbeiten an Wasserbecken und -leitungen.

☽ Auch Reparatur- und Aufräumarbeiten im Garten, im Schuppen sowie in Stallungen gelingen jetzt besser.

Was man lassen sollte

☽ An Zwillinge- und Wassermanntagen sollte man das Gießen oder Bewässern besser unterlassen; es bestünde sonst nämlich die Tendenz zu verstärktem Schädlingsbefall.

☽ Vorsicht ist während dieser Zeit beim Umtopfen und Umsetzen von Pflanzen geboten – sie wachsen schlechter an und neigen zum Verwelken.

☽ Auch Schnittarbeiten an Obst- und Ziergehölzen sollte man bei aufsteigendem Mond besser nicht vornehmen und auf die Zeit des Abstiegs verschieben.

☽ An Fischetagen – obwohl der Mond aufsteigt – sollte nur geerntet werden, was sofort verbraucht wird. Man sollte auf gar keinen Fall das Ernetgut etwa einkellern oder konservieren.

Fischetage sind besonders ungünstige Erntetage, wenn das Erntegut gelagert werden soll. Obst und Gemüse, das in diesem Zeichen eingebracht wird, verliert schnell an Geschmack und verdirbt relativ rasch.

◡ Nicht so günstig ist auch das Sammeln bzw. Ernten von heilkräftigen Wurzeln – außer an Tagen, an denen der Mond im Tierkreiszeichen Steinbock steht.

◡ Das Vorbereiten und Ansetzen des Mist- bzw. Komposthaufens geschieht besser bei absteigendem Mond.

Bei absteigendem Mond

Bei seinem Erdumlauf durchwandert der absteigende Mond nacheinander die Tierkreiszeichen Zwillinge, Krebs, Löwe, Jungfrau, Waage, Skorpion und Schütze – also die Sternzeichen des Sommers und des Herbstes. Die Tierkreiszeichen Zwillinge und Schütze kennzeichnen den Wendepunkt von und zu der aufsteigenden Kraft, wenn der Mond wieder in den Zeichen des Winters und des Frühlings steht.

Die Wirkung des absteigenden Mondes auf die Natur ist der des abnehmenden Mondes vergleichbar: Das Wachstum unter der Erdoberfläche ist jetzt begünstigt. Man nennt den absteigenden Mond sehr oft auch Pflanzmond.

Die Tage bei absteigendem Mond sind für Sä- und Pflanzarbeiten im Allgemeinen gut geeignet. Auch das Umsetzen bzw. Umtopfen gelingt gut, vor allem an Jungfrautagen.

Was man tun kann

⌂ Der absteigende Mond ist eine gute Sä- und Pflanzzeit für viele Gewächse. Man sät beispielsweise Blattsalat an Krebs- und Skorpiontagen sowie Wurzelgemüse an Jungfrautagen.

⌂ Das Umsetzen von Pflanzen erfolgt am besten an Jungfrautagen.

⌂ Auch die Stecklingsvermehrung ist bei absteigendem Mond günstig – ebenfalls idealerweise an Jungfrautagen.

⌂ Das Vorbereiten und Ansetzen des Mist- und Komposthaufens sollte bevorzugt bei absteigendem Mond erfolgen.

⌂ Alle Schnittarbeiten an Obst- und Ziergehölzen können bei absteigendem Mond durchgeführt werden.

⌂ Zweckmäßig sind auch das Erneuern oder Aufstellen von hölzernen Gartenzäunen und das Setzen von Pfosten sowie Pfählen, jedoch nicht in der Nähe des Vollmondes.

⌂ Günstig ist das Sammeln von heilkräftigen Wurzeln – insbesondere an Jungfrautagen.

Was man lassen sollte

⌒ Das Veredeln von Obstgehölzen und Rosen sollte bei absteigendem Mond besser unterbleiben.

⌒ An Löwetagen sollte man die Pflanzen nicht düngen.

⌒ Weniger günstig ist bei absteigendem Mond auch das Jäten zur Unkrautbekämpfung – besonders an Tagen, an denen der Mond im Löwen steht.

⌒ Ungünstig sind ebenfalls alle Ernte-, Einlagerungs- und Konservierungsarbeiten – ganz besonders an Jungfrautagen.

⌒ Das Sammeln von Früchten und Samen mit heilkräftiger Wirkung ist bei absteigendem Mond eher ungünstig – vor allem an Krebs- und Jungfrautagen.

Noch ein Hinweis zu den nachfolgenden Mondtabellen: Bei der Festlegung der Tierkreiszeichen für die jeweiligen Tage in dem der Mond von einem in das andere Zeichen wechselt, haben wir ganz bewusst das aufgeführt, in dem sich der Mond während des Tages am längsten aufhält. Dadurch kann es zu Abweichungen gegenüber anderen Mondkalendern kommen, die das Tierkreiszeichen angeben, mit dem der Tag beginnt.

Das Signal für einen neuen Gartentag. Bevor es ans Werk geht, noch rasch einen Blick in den Mondkalender. Dann viel Erfolg!

Mondkalender 1998

Tag	Jan.	Febr.	März	Apr.	Mai	Juni	Juli	Aug.	Sept.	Okt.	Nov.	Dez.
1	♒	♈	♈	♊	♋	♌	♎ 🌓	♏	♐	♒	♓	♉
2	♒	♈	♈	♊	♋	♍ 🌓	♎	♏	♑	♒	♈	♉
3	♓	♉ 🌓	♉	♋ 🌓	♌ 🌓	♍	♎	♐	♑	♓	♈	♊ 🌕
4	♓	♉	♉	♋	♌	♎	♏	♐	♒	♓	♉ 🌕	♊
5	♈ 🌓	♉	♊ 🌓	♋	♍	♎	♏	♑	♒	♈ 🌕	♉	♋
6	♈	♊	♊	♌	♍	♎	♐	♑	♓ 🌕	♈	♊	♋
7	♉	♊	♋	♌	♍	♏	♐	♒	♓	♉	♊	♌
8	♉	♋	♋	♍	♎	♏	♐	♒ 🌕	♈	♉	♋	♌
9	♊	♋	♌	♍	♎	♐	♑ 🌕	♒	♈	♊	♋	♌
10	♊	♌	♌	♍	♏	♐ 🌕	♑	♓	♉	♊	♌	♍ 🌗
11	♊	♌ 🌕	♌	♎	♏ 🌕	♐	♒	♓	♉	♊	♌ 🌗	♍
12	♋ 🌕	♌	♍	♎ 🌕	♏	♑	♒	♈	♊	♋ 🌗	♍	♎
13	♋	♍	♍ 🌕	♏	♐	♑	♓	♈	♊ 🌗	♋	♍	♎
14	♌	♍	♎	♏	♐	♒	♓	♉ 🌗	♋	♌	♎	♎
15	♌	♎	♎	♏	♑	♒	♈	♉	♋	♌	♎	♏
16	♍	♎	♎	♐	♑	♓	♈ 🌗	♊	♋	♍	♎	♏
17	♍	♎	♏	♐	♑	♓ 🌗	♈	♊	♌	♍	♏	♐
18	♍	♏	♏	♑	♒	♈	♉	♋	♌	♍	♏	♐ 🌑
19	♎	♏ 🌗	♐	♑ 🌗	♒ 🌗	♈	♉	♋	♍	♎	♏ 🌑	♐
20	♎ 🌗	♐	♐	♒	♓	♉	♊	♌	♍ 🌑	♎ 🌑	♐	♑
21	♏	♐	♐ 🌗	♒	♓	♉	♊	♌	♎	♏	♐	♑
22	♏	♑	♑	♒	♈	♊	♋	♌ 🌑	♎	♏	♑	♒
23	♏	♑	♑	♓	♈	♊	♋ 🌑	♍	♎	♏	♑	♒
24	♐	♑	♒	♓	♉	♋ 🌑	♌	♍	♏	♐	♑	♓
25	♐	♒	♒	♈	♉ 🌑	♋	♌	♎	♏	♐	♒	♓
26	♑	♒ 🌑	♓	♈ 🌑	♊	♋	♍	♎	♐	♑	♒	♓ 🌓
27	♑	♓	♓	♉	♊	♌	♍	♎	♐	♑	♓ 🌓	♈
28	♒ 🌑	♓	♈ 🌑	♉	♋	♌	♍	♏	♐ 🌓	♑ 🌓	♓	♈
29	♒		♈	♊	♋	♍	♎	♏	♑	♒	♈	♉
30	♓		♉	♊	♌	♍	♎	♐ 🌓	♑	♒	♈	♉
31	♓		♉		♌		♏ 🌓	♐		♓		♊

90

Tag	Jan.	Febr.	März	Apr.	Mai	Juni	Juli	Aug.	Sept.	Okt.	Nov.	Dez.
1	♋	♌	♍	♎ 🌑	♏	♑	♒	♓	♉	♊	♌	♍
2	♋ 🌑	♍	♍ 🌑	♎	♏	♑	♒	♈	♊ ☾	♋ ☾	♍	♎
3	♌	♍	♍	♏	♐	♑	♓	♈	♊	♋	♍	♎
4	♌	♎	♎	♏	♐	♒	♓	♉ ☾	♋	♌	♍	♏
5	♌	♎	♎	♐	♑	♒	♓	♉	♋	♌	♎	♏
6	♍	♎	♏	♐	♑	♓	♈ ☾	♊	♋	♍	♎	♏
7	♍	♏	♏	♐	♒	♓ ☾	♈	♊	♌	♍	♏	♐ 🌕
8	♎	♏ ☾	♏	♑	♒ ☾	♈	♉	♋	♌	♎	♏ 🌕	♐
9	♎ ☾	♐	♐	♑ ☾	♒	♈	♉	♋	♍	♎ 🌕	♐	♑
10	♎	♐	♐ ☾	♒	♓	♉	♊	♌	♍ 🌕	♏	♐	♑
11	♏	♐	♑	♒	♓	♉	♊	♌ 🌕	♎	♏	♐	♑
12	♏	♑	♑	♓	♈	♊	♋	♍	♎	♏	♑	♒
13	♐	♑	♑	♓	♈	♊ 🌕	♋ 🌕	♍	♏	♐	♑	♒
14	♐	♒	♒	♓	♉	♋	♌	♍	♏	♐	♑	♓
15	♐	♒	♒	♈	♉ 🌕	♋	♌	♎	♏	♐	♒	♓
16	♑	♒ 🌕	♓	♈ 🌕	♊	♌	♍	♎	♐	♑	♒ ☾	♓ ☾
17	♑ 🌕	♓	♓ 🌕	♉	♊	♌	♍	♏	♐ ◐	♑ ◐	♓	♈
18	♒	♓	♈	♉	♋	♌	♎	♏	♑	♒	♓	♈
19	♒	♈	♈	♊	♋	♍	♎	♏ ◐	♑	♒	♈	♉
20	♓	♈	♉	♊	♌	♍ ◐	♎ ◐	♐	♑	♒	♈	♉
21	♓	♉	♉	♋	♌	♎	♏	♐	♒	♓	♉	♊
22	♈	♉	♊	♋ ◐	♍ ◐	♎	♏	♑	♒	♓	♊ ◐	♊ 🌑
23	♈	♊ ◐	♊	♌	♍	♏	♐	♑	♓	♈	♊ 🌑	♋
24	♈ ◐	♊	♋ ◐	♌	♍	♏	♐	♒	♓	♈ 🌑	♊	♋
25	♉	♋	♋	♍	♎	♐	♐	♒	♈ 🌑	♉	♋	♌
26	♉	♋	♌	♍	♎	♐	♑	♒	♈	♉	♌	♌
27	♊	♌	♌	♎	♏	♐	♑	♓ 🌑	♉	♊	♌	♍
28	♊	♌	♌	♎	♏	♑ 🌑	♒ 🌑	♓	♉	♊	♌	♍
29	♋		♍	♎	♏	♑	♒	♈	♉	♋	♍	♎ ☾
30	♋		♍	♏ 🌑	♐ 🌑	♑	♒	♈	♊	♋	♍ ☾	♎
31	♌ 🌑		♎		♐		♓	♉		♌ ☾		♏

91

Mondkalender 2000

Tag	Jan.	Febr.	März	Apr.	Mai	Juni	Juli	Aug.	Sept.	Okt.	Nov.	Dez.
1	♏	♐	♑	♓	♈	♉	♋ 🌕	♌	♎	♏	♑	♒
2	♏	♑	♑	♓	♈	♊ 🌕	♋	♍	♏	♐	♑	♒
3	♐	♑	♒	♓	♉	♊	♌	♍	♏	♐	♒	♓
4	♐	♒	♒	♈ 🌕	♉ 🌕	♋	♌	♎	♏	♑	♒ 🌙	♓ 🌙
5	♐	♒ 🌑	♓	♈	♊	♋	♍	♎	♐ 🌙	♑ 🌙	♒	♓
6	♑ 🌕	♒	♓ 🌕	♉	♊	♌	♍	♏	♐	♑	♓	♈
7	♑	♓	♈	♉	♋	♌	♎	♏ 🌙	♑	♒	♓	♈
8	♒	♓	♈	♊	♋	♍	♎ 🌙	♐	♑	♒	♈	♉
9	♒	♈	♈	♊	♌	♍ 🌙	♎	♐	♑	♓	♈	♉
10	♓	♈	♉	♋	♌ 🌙	♎	♏	♐	♒	♓	♉	♊
11	♓	♉	♉	♋ 🌙	♌	♎	♏	♑	♒	♓	♉ 🌕	♊ 🌕
12	♓	♉	♊	♌	♍	♏	♐	♑	♓	♈	♉	♋
13	♈	♉ 🌙	♊ 🌙	♌	♍	♏	♐	♒	♓ 🌕	♈ 🌕	♊	♋
14	♈ 🌙	♊	♋	♍	♎	♏	♐	♒	♓	♉	♊	♌
15	♉	♊	♋	♍	♎	♐	♑	♒ 🌕	♈	♉	♋	♌
16	♉	♋	♌	♍	♏	♐ 🌕	♑ 🌕	♓	♈	♊	♋	♍
17	♊	♋	♌	♎	♏	♑	♒	♓	♉	♊	♌	♍
18	♊	♌	♍	♎ 🌕	♏ 🌕	♑	♒	♈	♉	♋	♌ 🌗	♎ 🌗
19	♋	♌ 🌕	♍	♏	♐	♑	♒	♈	♊	♋ 🌗	♍	♎
20	♋	♍	♎ 🌕	♏	♐	♒	♓	♈	♊	♋ 🌗	♍	♎
21	♌ 🌕	♍	♎	♐	♑	♒	♓	♉	♋ 🌗	♌	♎	♏
22	♌	♎	♎	♐	♑	♓	♈	♉ 🌗	♋	♌	♎	♏
23	♍	♎	♏	♐	♑	♓	♈	♊	♍	♍	♏	♐
24	♍	♏	♏	♑	♒	♓	♉ 🌗	♊	♌	♍	♏	♐
25	♎	♏	♐	♑	♒	♈ 🌗	♉	♋	♍	♎	♏	♐ 🌑
26	♎	♏	♐	♒ 🌗	♓ 🌗	♈	♊	♋	♍	♎	♐ 🌑	♑
27	♎	♐ 🌗	♑	♒	♓	♉	♊	♌	♎ 🌑	♏ 🌑	♐	♑
28	♏ 🌗	♐	♑ 🌗	♓	♈	♉	♊	♌	♏	♏	♑	♒
29	♏	♑	♑	♓	♈	♊	♋	♍ 🌑	♏	♐	♑	♒
30	♐		♒	♓	♈	♊	♋	♍	♏	♐	♑	♓
31	♐		♒		♉		♌ 🌕	♎		♐		♓

Tag	Jan.	Febr.	März	Apr.	Mai	Juni	Juli	Aug.	Sept.	Okt.	Nov.	Dez.
1	♓	♉ ☽	♉	♋ ☽	♌	♎	♏	♑	♒	♓	♉ ☽	♊
2	♈ ☽	♉	♊	♋	♍	♎	♐	♑	♓ ☽	♈ ☽	♉	♋
3	♈	♊	♊ ☽	♌	♍	♏	♐	♒	♓	♈	♊	♋
4	♉	♊	♋	♌	♎	♏	♐	♒ ☽	♓	♉	♊	♋
5	♉	♋	♋	♍	♎	♐	♑ ☽	♒	♈	♉	♋	♌
6	♊	♋	♌	♍	♏	♐ ☽	♑	♓	♈	♉	♋	♌
7	♊	♌	♌	♎	♏ ☽	♑	♒	♓	♉	♊	♌	♍ ☽
8	♊	♌ ☽	♍	♎ ☽	♏	♑	♒	♈	♉	♊	♌ ☽	♍
9	♋ ☽	♍	♍ ☽	♏	♐	♑	♒	♈	♊	♋	♍	♎
10	♋	♍	♎	♏	♐	♒	♓	♈	♊ ☽	♋ ☽	♍	♎
11	♌	♎	♎	♐	♑	♒	♓	♉	♊	♌	♍	♏
12	♌	♎	♎	♐	♑	♓	♈	♉ ☽	♋	♌	♎	♏
13	♍	♏	♏	♐	♒	♓	♈ ☽	♊	♋	♍	♎	♐
14	♍	♏	♏	♑	♒	♓ ☽	♉	♊	♌	♍	♏	♐ ☽
15	♎	♐ ☽	♐	♑ ☽	♒ ☽	♈	♉	♋	♌	♎	♏ ☽	♑
16	♎ ☽	♐	♐ ☽	♓	♈	♈	♉	♋	♍	♎ ☽	♐	♑
17	♏	♐	♑	♒	♓	♉	♊	♌	♍ ☽	♏	♐	♑
18	♏	♑	♑	♒	♈	♉	♊	♌	♎	♏	♑	♒
19	♐	♑	♑	♓	♈	♊	♋ ☽	♍ ☽	♎	♐	♑	♒
20	♐	♒	♒	♓	♈	♊	♋ ☽	♍	♏	♐	♒	♓
21	♐	♒	♒	♈	♉	♋ ☽	♌	♎	♏	♐	♒	♓
22	♑	♒	♓	♈	♉	♋	♌	♎	♐	♑	♓ ☽	♓ ☽
23	♑	♓ ☽	♓	♉ ☽	♊ ☽	♋	♍	♏	♐	♑	♓ ☽	♈
24	♒ ☽	♓	♓	♉	♊	♌	♍	♏	♑ ☽	♒ ☽	♓	♈
25	♒	♈	♈ ☽	♉	♋	♌	♎	♏ ☽	♑	♒	♈	♉
26	♒	♈	♈	♊	♋	♍	♎	♐	♑	♒	♈	♉
27	♓	♈	♉	♊	♌	♍	♏ ☽	♐	♒	♓	♈	♉
28	♓	♉	♉	♋	♌	♎ ☽	♏	♑	♓	♓	♉	♊
29	♈		♊	♋	♍ ☽	♎	♐	♑	♓	♈	♉	♊
30	♈		♊	♌ ☽	♍	♏	♐	♒	♓	♈	♊ ☽	♋ ☽
31	♈		♊		♎		♐	♒		♈		♋

93

Tag	Jan.	Febr.	März	Apr.	Mai	Juni	Juli	Aug.	Sept.	Okt.	Nov.	Dez.
1	♌	♎	♎	♐	♑	♒	♓	♉ ☾	♊	♌	♍	♏
2	♌	♎	♎	♐	♑	♓	♈ ☾	♉	♋	♌	♎	♏
3	♍	♏	♏	♑	♒	♓ ☾	♈	♊	♋	♌	♎	♐
4	♍	♏ ☾	♏	♑ ☾	♒ ☾	♈	♉	♊	♌	♍	♏ ●	♐ ●
5	♎	♏	♐	♑	♒	♈	♉	♊	♌	♍	♏	♐
6	♎ ☾	♐	♐ ☾	♒	♓	♈	♉	♋	♍	♎ ●	♐	♑
7	♏	♐	♑	♒	♊	♉	♊	♋	♍ ●	♎	♐	♑
8	♏	♑	♑	♓	♈	♉	♊	♌ ●	♎	♏	♑	♒
9	♐	♑	♑	♓	♈	♊	♋	♌	♎	♏	♑	♒
10	♐	♒	♒	♓	♈	♊	♋ ○	♍	♏	♐	♒	♓
11	♐	♒	♒	♈	♉	♊ ●	♌	♍	♐	♑	♒ 🌙	♓ 🌙
12	♑	♒ ●	♓	♈ ●	♉ ●	♋	♌	♎	♐	♑	♒	♓
13	♑ ●	♓	♓	♉	♊	♋	♍	♎	♐ 🌙	♑ 🌙	♓	♈
14	♒	♓	♓ ●	♉	♊	♌	♍	♏	♑	♒	♓	♈
15	♒	♈	♈	♉	♊	♌	♎	♏ 🌙	♑	♒	♈	♉
16	♒	♈	♈	♊	♋	♍	♎	♐	♑	♓	♈	♉
17	♓	♈	♉	♊	♋	♍	♎ 🌙	♐	♒	♓	♈	♉
18	♓	♉	♉	♋	♌	♎ 🌙	♏	♑	♒	♓	♉	♊
19	♈	♉	♉	♋	♌ 🌙	♎	♏	♑	♓	♈	♉	♊ ○
20	♈	♊ 🌙	♊	♋ 🌙	♍	♏	♐	♑	♓	♈	♊	♋
21	♈ 🌙	♊	♊	♌	♍	♏	♐	♒	♈ ○	♉ ○	♊	♋
22	♉	♊	♋ 🌙	♌	♎	♐	♑	♒ ○	♈	♉	♊	♌
23	♉	♋	♋	♍	♎	♐	♑	♓	♈	♉	♋	♌
24	♊	♋	♌	♍	♏	♐ ○	♒ ○	♓	♉	♊	♋	♌
25	♊	♌	♌	♎	♏	♑	♒	♈	♉	♊	♌	♍
26	♋	♌	♍	♎	♐ ○	♑	♒	♈	♉	♋	♌	♍
27	♋ ○	♍ ○	♍	♏ ○	♐	♒	♓	♈	♊	♋	♍ ☾	♎
28	♌	♍	♎ ○	♏	♑	♓	♓	♉	♊	♋	♍	♏
29	♌		♎	♐	♑	♓	♈	♉	♋ ☾	♌ ☾	♎	♏
30	♍		♏	♐	♑	♓	♈	♊	♋	♌	♎	♏
31	♍		♏		♒		♈	♊ ☾		♍		♐

94

Über die Autoren

Helga Föger lebt im österreichischen Waldviertel, wo viele Mondregeln bis heute lebendig geblieben sind. Sie ist Autorin bzw. Herausgeberin beliebter und weit verbreiteter Mondkalender.

Martin W. Pflugmann ist engagierter Freizeitgärtner und befasst sich seit langem mit dem Einfluss der Mondkräfte auf Pflanzen.

Literatur

Föger, Helga: Mit dem Mond leben. Der Mondkalender für jedes Jahr. W. Ludwig Buchverlag. München

Föger, Helga: Mond und Natur. W. Ludwig Buchverlag. München 1997

Föger, Helga: Das Mond-Praxisbuch. W. Ludwig Buchverlag. München 1997

Hinweis

Das vorliegende Buch ist sorgfältig erarbeitet worden. Dennoch erfolgen alle Angaben ohne Gewähr. Weder die Autoren noch der Verlag können für eventuelle Nachteile oder Schäden, die aus den im Buch gemachten praktischen Hinweisen resultieren, eine Haftung übernehmen.

Bildnachweis

Astrofoto, Leichlingen: 8, 14 (Van Ravenswaay); IFA-Bilderteam, München: 1 (Reinhard), 13, 18 (Nägele), 37 (Lauer), 78 (Wolf); Image Bank, München: 29 (Renate Kupatt), 38 (D. van Kirk), 53 (N. N.), 69 (Ross M. Horowitz), 74 (Mahaux Fotografy); Mauritius, Mittenwald: 58 (Reinhard), 65 (Hackenberg), 77 (ACE), 81 (Rosenfeld), 84 (AGE); Premium, Düsseldorf: Titel/Fond, 5 (Orion Press), 6 (N. Wimmer), 25 (H. Farkaschovsky); Südwest Verlag, München: 46 (Claudia Rehm); Tony Stone, München: Titel/Einklinker (Michael Rosenfeld); Wildlife, Hamburg: U4/Einklinker (O. Diez), 34 (J. Kamien), 41 (Heuer), 89 (T. Beuster)

Impressum

© 1998 W. Ludwig Buchverlag in der Südwest Verlag GmbH & Co. KG, München Alle Rechte vorbehalten. Nachdruck – auch auszugsweise – nur mit Genehmigung des Verlags.

Redaktion:
Christoph Taschner

Projektleitung:
Ernst Dahlke

Bildredaktion:
Ute Schoenenburg

Produktion:
Manfred Metzger

Umschlag:
Till Eiden

Layout:
Wolfgang Lehner

DTP/Satz:
Maren Scherer

Druck:
Weber Offset, München

Einband:
R. Oldenbourg, München

Printed in Germany

Gedruckt auf chlor- und säurearmem Papier

ISBN 3-7787-3663-9

Register